Christina van Straaten

Löwe

Liebe, Lust & Partnerschaft

FALKEN

Inhalt

1. Astro Profil. Die Sterne stellen vor: Der Löwe   8

Kleine Grundpsychologie des Löwen. Wie sich die Energie dieses Zeichens in der männlichen und weiblichen Variante auswirkt

2. Analyse. Eine Löwe-Lovestory   22

Wie Löwe-Frauen und -Männer lieben. Ihre Stärken, ihre Schwächen in Beziehungen. Wie sie mit Schwierigkeiten umgehen. Warum es sich lohnt, mit ihnen zu leben

3. Astro-Connections. Der Löwe und die anderen   40

Wie Löwe-Frauen und -Männer in der Verbindung mit anderen Sternzeichen sind. Welche Energien ihnen nahe kommen, welche sie herausfordern

4. Stars und Sterne: Löwen, von denen man spricht   52

Löwe-Promis. Und wie sie das Prinzip dieses Zeichens in der Liebe repräsentieren

5. Lifestyle: Wie Löwen leben   62

Vom Weckerklingeln bis zum Night-Cup – Löwe-Frauen und -Männer im prallen Hier und Jetzt. Mit Kurz-Guide: Der Löwe von A – Z. Tipps zum Umgang mit Löwen

1. Astro-Profil
Die Sterne stellen vor:
Der Löwe

Sein Element ist das Feuer, sein Planet die Energie spendende Sonne, die für Schöpfertum, Vitalität, auch Majestät steht. Löwen verkörpern Kompetenz und lieben die Macht. Mit beidem gehen sie effektiv um, wobei sie ihren Liebes- oder Geschäftspartnern gegenüber immer loyal bleiben. Löwen sonnen sich gern in der allgemeinen Aufmerksamkeit und streben nach dominierenden Positionen. Ihr Wille lässt sie jeden Weg für gangbar halten. Allerdings sind sie manchmal sehr lange allein unterwegs.

Die Dimensionen der Löwe-Seele

Löwe-Geborene verfügen über schier unendliche Kraftquellen, denn über ihnen strahlt der absolut stärkste Planet des Tierkreises, die Sonne. Sie stellt den immer wiederkehrenden Rhythmus des Lebens an sich dar: Jeden Tag fährt Helios mit seinem Strahlenwagen von Osten nach Westen über den Himmel, spendet Licht und Wärme. Auf seinen Wagenrädern, zwischen denen sich die Weltachse dreht, prangt das Löwenzeichen. Schon in den ältesten allegorischen Darstellungen wird mit diesem Bild die zentrale und in jeder Hinsicht tragende Rolle des Löwen vorgeführt. Um eine derart herausgehobene Lebensposition auszufüllen, braucht es Mut, Intelligenz, aber auch zuverlässiges Handeln und tagtägliches Engagement für Pflichten. All diese positiven Eigenschaften werden den Löwe-Geborenen dank ihres Sonne-Kraftfeldes reichlich zugeschrieben. Unter bestimmten ungünstigen Konstellationen mit Saturn, Jupiter oder Mars können sich allerdings das Selbstbewusstsein und der einnehmende Charme zu Egozentrik und Anmaßung hypertrophieren. In solchen kritischen Zusammenhängen neigen Löwen teils zu Attacken gegenüber ihrem Umfeld, teils zu depressiver Verweigerung und Rückzug in einsame Höhlen.

Weil der Löwe weiß, wie schwer es ist, den Lauf der Welt in Gang und das nötige Tempo zu halten, neigt er zu konservativen Lösungen. So wie sich der Sonnenlauf täglich wiederholt, so behalten Löwe-Geborene ihre einmal erprobten Schrittkombinationen, Lebensrhythmen und Partner gerne bei.

Löwe-Maxime 1:
Wir sind alle nur Würmer auf Erden; aber ich bin das Glühwürmchen.
.

Der Löwe und seine Aufgabe im Leben

Da Löwen Selbstbewusstsein und Führungsanspruch in die Wiege gelegt bekommen haben, finden sie es völlig normal, in ihrem jeweiligen Lebenskreis die schwierigsten Aufgaben zu lösen. Gleichgültig, ob in der Familienküche oder im Konzernmanagement: man überlässt sie ihnen auch gerne. Selbst herausgehobene Positionen von großem Sozialprestige können Löwe-Geborenen umstandslos zugestanden werden. Das private oder berufliche Umfeld akzeptiert einfach, dass sich der Löwe dank seiner Willensstärke und Kompetenz für das jeweilige Amt am besten eignet. Andernfalls wird sich jeder Löwe ebenso selbstbewusst wie aggressiv etwaiger Konkurrenz stellen. Immer davon überzeugt, dass ihm die Spitzenposition zukommt, kämpft er ausdauernd, wahrscheinlich unter größerem Aufwand an Wut und Gebrüll. Fast immer sind Löwen dabei erfolgreich. Dies nicht zuletzt, weil sie die äußeren Machtverhältnisse und die eigenen Kraftreserven

Gut gebrüllt, Löwe!, sagen Löwen oft zu sich selbst und meinen damit: Du hast richtig gehandelt.

Löwe-Maxime 2:
Je mehr Kraft man ausstrahlt, desto unangreifbarer wird man sein.

präzise einschätzen können. Ein Löwe wird im Konfliktfall die Dinge zuspitzen, aber er wird sich niemals als Hasardeur erweisen.

Bei allem unübersehbaren Drang zum Höheren sind sich Löwe-Menschen jedoch darüber im Klaren, dass Erfolg und Macht letztlich auf echter Leistung beruhen, kontinuierliche Präzision wie andauernde Kreativität voraussetzen. Stellen sich dem Löwen Barrieren in den Weg, dann reagiert er durchaus flexibel. Von einem Moment zum nächsten kann er zum Sprung ansetzen. Löwen handeln bereits, wenn andere noch abwarten. Wenn es nötig sein sollte, ändert der Löwe dann sogar einmal eingeschlagene Richtungen, nimmt ungeebnete Bahnen und große Risiken in Kauf.

Löwe-Maxime 3:
Ein Tag ohne Genuss und ungestörte Muße ist ein verlorener Tag.

Dem Willen zur Tat gesellt sich unter den Löwe-Geborenen durchaus das Talent zum Genießen bei. Was gibt es für einen König Besseres, als sich entspannt im Ruhm seiner Erfolge zu sonnen. Pläne und Karriere-Herausforderungen bilden doch letztlich die Basis dafür, sich Genuss verschaffen zu können. Löwen gestehen es sich gelegentlich durchaus zu, einmal richtig von Herzen faul zu sein.

Der Löwe und seine Gefühle
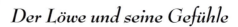

Löwen fühlen sich gut, wenn man sie gut findet. Schließlich strengen sie sich ja unentwegt an, das muss gewürdigt werden. Löwen verstehen es glänzend, sich, ihre Vorzüge und ihre Erfolge angemessen in Szene zu setzten. Dabei ist es vollkommen gleichgültig, ob die staunende Öffentlichkeit aus hundert Konferenzteilnehmern oder nur einer einzelnen Freundin besteht. Auf heuchlerisches Lob reagieren Löwen allerdings eher scharf als geschmeichelt. Wird ihnen die verdiente Anerkennung – aus welchen Gründen auch immer – versagt, reagieren die in ihrem Selbstwertgefühl Gekränkten nicht selten sehr aggressiv, möglicherweise auch ungerecht.

Eines der Hauptprobleme des Löwe-Menschen besteht darin, dass er nicht nachvollziehen kann, warum ihm gelegentlich Egozentrik, Überheblichkeit, sogar Eitelkeit nachgesagt werden. Er selbst sieht sich eher als einen liebevollen Mitmenschen, der nur eben seinen Grundsätzen treu bleibt, auch wenn es ihn (und andere) anstrengt. Meistens gehen Löwe-Menschen völlig in ihren aktuellen Verpflichtungen und Problemlagen auf; damit sind sie dann viel zu sehr beschäftigt, um noch zu registrieren, ob und wann sich jemand in ihrem Umfeld durch sie zurückgesetzt oder überfordert fühlt. Löwen können zwar die Leistungen anderer fast immer präzise beurteilen, ihnen auch öffentlich Gerechtigkeit widerfahren lassen. Dass sie mit ihrem Aktivismus und ihrer beängstigenden Entscheidungsfreude nicht selten emotionalen Stress herstellen, bemerken Löwen dagegen fast nie. Da sie klug sind, kann man es ihnen aber gegebenenfalls erklären. Am besten mit etwas Humor. Den meisten Löwe-Geborenen ist nämlich dank ihres dominierenden Planeten ein helles, sonniges Gemüt zu Eigen. Bei allen emotionalen Spannungen liegt ihnen durchaus an harmonischen Beziehungen. Sie feiern gerne und großzügig Feste. Es macht ihnen Spaß, eine ganze Gesellschaft mit ihrem fröhlichen Charme zu unterhalten, mit ihrem Witz zu glänzen.

Über allem strahlt die Sonne und lässt das Leben ein Fest für das Ego des Löwen sein. So wie die Sonne für kreative Energie steht, leistet ihr Einfluss auch Idealisierung und Spiritualisierung Vorschub. Die Gefühlswelt der meisten Löwen ist sehr stabil, weil ihr Weltbild zugleich Selbstbild ist.

Der Löwe on the Job

So extravagant oder alltäglich das Wirkungsfeld des Löwen auch sein mag, er sieht es – und damit seine eigene Rolle – stets in größeren Zusammenhängen. Dementsprechend groß sind sein Pflichtbewusstsein, aber auch sein Ehrgeiz und sein Stolz dimensioniert.

Teamwork oder stille Mitwirkung an untergeordneter Stelle wären seine Sache weniger. Am besten kommt er zurecht, wenn er eine seinen intellektuellen Fähigkeiten adäquate Karriereposition erreicht hat. Dort kann er sein immenses Organisationstalent unbeschränkt nutzen. In Chefpositionen erfahrene Exemplare haben gelernt, die ihnen eigene fordernde Sachlichkeit durch freundliche Kollegialität zu ergänzen, was dem Betriebsfrieden dient.

Ehrgeizig, zielsicher, pflichtgetreu und meist erfolgreich auf der Karriereleiter nehmen Löwen lieber im Chefsessel Platz als auf dem Stühlchen des Assistenten.

Löwe-Geborene – gleichgültig, auf welcher Stufe der Karriereleiter – halten professionellen Höchsteinsatz für selbstverständlich. Kollegen haben ihnen ebenso selbstverständlich die Kleinigkeiten – ungeliebte Routine-Arbeiten – aus dem Weg zu räumen.

Ihm wichtig erscheinende Arbeitsprozesse erledigt der Löwe gerne persönlich, zumindest überwacht er sie mit Argusaugen. Mitarbeiter interpretieren das oft als krankhaftes Misstrauen oder/und Selbstüberschätzung. Dabei will der Löwe nur sicherstellen, dass die gewünschten Ergebnisse tatsächlich erreicht werden. Dieser kraft- und zeitaufwändige Stil ist nur dadurch aufrechtzuerhalten, dass er sehr genau abwägt, welches Problem er bearbeiten will und welches nicht. Der wirklich kompetente Löwe sucht sich Arbeiten, die wichtig, aber noch nicht dringend sind. Fürs Dringende hat er Mitarbeiter, und mit Unwichtigem sollte man ihm besser gar nicht kommen.

Auf jeden Fall ein maskulines Unikat: Der Löwe-Mann

Löwen verkörpern zumeist Männlichkeit par excellence: sie wissen, wer sie sind, leben erfolgsorientiert, arbeiten ausdauernd und durchtrainiert. Leider gehen viele Löwe-Männer dabei etwas autoritär vor. Manche geben sich eine Spur zu selbstverliebt.

Es kann passieren, dass ein Löwe möglicherweise Probleme damit bekommt, seine Energien im richtigen Punkt zu bündeln und die nächste Karriere-Entscheidung exakt zu treffen. Man kann ihn deswegen – mit schlüssigen Argumenten – für jedes Job-Fitness-Programm interessieren. Psychologisierende Männer-Selbsterfahrungs-Gruppen dagegen müssen in aller Regel ohne die Beteiligung von Löwe-Geborenen auskommen. Deren Persönlichkeit braucht man nicht auf verschlungenen Gesprächspfaden herauszupräparieren, sie haben einfach eine. Und sie wissen es. Nachteil:

Ein starkes Stück Mann: gelegentlich etwas cholerisch, aber mit Humor begabt. In puncto Selbstwertgefühl ist er kaum zu schlagen.

Beharrlich halten sie sich – und jedes ihrer Urteile – für unangreifbar. Auf abweichende Meinungen oder womöglich Ratschläge reagieren sie ignorant bis cholerisch. Das gilt ganz besonders für das Privatleben.

Löwen verlieben sich häufig. Wer von sich selbst stark überzeugt ist, der hat zumeist Probleme auf intellektuelle und/oder körperliche Vorzüge anderer Menschen angemessen zu reagieren. Ist der kluge und schöne andere Mensch männlichen Geschlechts, wird ihn der Löwe angreifen und möglichst aus seinem Revier verjagen. Handelt es sich um eine Frau, neigt der Löwe-Mann dazu, sie sich als ebenbürtige Geliebte an seine Seite zu holen. So verwenden Löwen ein Gutteil ihrer Energie auf Eroberungszüge unter dem anderen Geschlecht. Viele Frauen mögen diese charmanten, wenn auch zuweilen etwas eitlen Ritter-Typen. Zum einen kommen im Alltag ohnehin viel zu wenig amüsante und gewandte Männer vor, zum anderen führen die Anstrengungen des Löwen bekanntlich auf jeglichem Terrain (meist) zum Erfolg. Da Löwe-Geborene stets gesellschaftlich aktiv sind, Kontakte pflegen, Gespräche suchen, steht der erfolgreiche Lover allerdings unter Garantie bald vor der nächsten bezaubernden Frau. Ein Dilemma, das wiederum nur mit größerem Aufwand an Pathos (und nach Möglichkeit ebenso originellen wie teuren Geschenken für die verflossene Geliebte) lösbar erscheint.

Auf den ersten Blick ein Auslaufmodell aus längst vergangenen Zeiten. Doch Frauen mögen diesen charmanten Ritter und ausdauernden Lover.

Ein echtes Weib: Die Löwe-Frau

Löwinnen durchschreiten selbstbewusst ihre Räume, dirigieren Vorgänge wie Mitmenschen und Kollegen ohne Scheu in die gewünschte, (meist) Erfolg versprechende Richtung. Sie sind nicht weniger dominant, willensstark und erfolgreich als ihre männlichen Pendants. Sie neigen gleichfalls dazu, Probleme anderer nur in Relation zu sich selbst zu sehen und sich höchst ungern zu unterwerfen. Allerdings setzen sich die Löwinnen damit dem Handicap aus, für ihr erhobenes Haupt von der neidischen Öffentlichkeit mit Wonne kritisiert zu werden. Junge Löwinnen gelten nicht selten lediglich deshalb als arrogant, weil sie den hübschesten Jungen aus der Abiturstufe oder die Spitzennote in der Matheprüfung lächelnd einkassierten, ohne erkennbar aus dem Häuschen zu geraten. Ältere Löwinnen bekommen angesichts erreichter Top-Karrieren oder -Ehen zu hören, sie hätten dafür zu laut gebrüllt und zu deutlich die Pranken gehoben. Frei nach dem Motto: Brüllt ein Mann, ist er dynamisch, schreit eine Frau, ist sie hysterisch …

Eine Klassefrau mit guten Nerven und sicherem Gefühl für das Angemessene und das ihnen Zustehende. Hocherhobenen Hauptes fordert sie die Umwelt in die Schranken.

Wenn sich eine Löwin etwas, speziell einen Mann, in den Kopf gesetzt hat, dann arbeitet sie konsequent am Problem. Dabei kommen ihr ausgeprägtes Organisationstalent und ihr umfassendes Wissen zum Tragen: Information geht vor Intuition. Was keineswegs heißen soll, dass Emotionen generell draußen bleiben. Im Gegenteil, Löwinnen sind leidenschaftlich gern romantisch. Aber auch intelligent genug zu wissen, dass ihnen tränenreiche Meditationen im stillen Kämmerlein wenig nützen. Sie stellen sich dem Leben draußen. Leider zeigt sich immer wieder, dass die anspruchsvollen Löwinnen nicht selten kurz nach dem Entree in eine heiße Affäre feststellen müssen, dass der eher durchschnittliche Liebhaber ihrem Ideal nicht genügt. Enttäuscht lösen sie die Beziehung, um sich vielleicht

Die Löwe-Frau trägt ihre Würde wie eine prachtvolle Robe. Doch wirkt diese Robe stets, als sei sie ihr persönlich angemessen worden.

Astro-Hotline:
12 Fragen an den Löwen und
12 mögliche Antworten

Mein Motto	Geh deine Bahn und lass die Leute reden!
Mein Ziel	Von allem das Beste und davon reichlich!
Meine Freunde	… schätzen meine Großzügigkeit und meinen Sinn für Gerechtigkeit.
Meine Feinde	… werfen mir genau da Überheblichkeit vor, wo meine Stärke liegt: in der Exklusivität meines Urteils.
Leute mögen mich	… weil sie sich mit mir zusammen erfolgreicher/geborgener fühlen als allein.
Leute hassen mich	… weil ich ihre Schwächen nicht nur sehe, sondern auch beim Namen nenne.
An anderen schätze ich	… respektvolle Distanz und freundliche Nähe.
Meine größte Stärke?	Kontinuität des Wollens: es ist nicht genug zu wissen, was täglich zu tun wäre, man muss es auch täglich tun.
Meine größte Schwäche?	Ich lasse mir zwar geduldig vorhalten, dass und worin genau ich mich egoistisch, arrogant usw. verhalten habe. Aber letztlich denke ich nicht ernsthaft daran, mich zu ändern.
Als Tier wäre ich	… natürlich ein Löwe.
Als Pflanze wäre ich	… eine Zeder. Vor hundert Jahren vielleicht eine Eiche. Heutzutage ist dieser klassische Baum dank des sauren Regens viel zu gefährdet.
Als Farbe wäre ich	… Gold, oder das bescheidenere Orange. Vielleicht aber auch die regenbogenglitzernde Durchsichtigkeit des Diamanten.

schon morgen in die nächste Euphorie zu steigern. Passiert das zu häufig, bekommt besonders die im Beruf exponierte Löwe-Geborene ein Imageproblem.

Von einer funktionierenden Beziehung erwartet sich die Löwe-Geborene ungeteilte Aufmerksamkeit und absolute Treue. Andernfalls kann sie ihre gesammelte Energie in heftigen Eifersuchtsszenen ausleben. Den Bruch in einer funktionierenden Partnerschaft riskieren Löwinnen nur aus triftigen Gründen und zumeist nach reiflichem Überlegen.

Die meisten Löwe-Frauen pflegen die Attribute ihrer Weiblichkeit. Sie kleiden sich gerne (und soweit finanziell möglich) extravagant, verwenden viel Zeit auf Schönheitspflege und körperliche Fitness. Den Haushalt haben sie kalt im Griff. Statt weiträumig über Kochrezepte und Waschpulversorten zu schwatzen, handeln sie auch hier konzentriert und erfolgsorientiert. Unterm Strich gewinnen sie damit Zeit für den Job oder für amüsantere Freizeitbeschäftigungen als Gläserspülen.

Übrigens sind die meisten Löwinnen dank ihrer Perfektion passable Hausfrauen.

2. Analyse: Eine Löwe-Lovestory

Löwe-Geborene sehnen sich so leidenschaftlich wie ausdauernd nach heißer Liebe. Dies besonders, wenn sie in exponierter Position die Kühle des Erfolgs umweht. Ihr hohes Selbstwertgefühl lässt die Löwen allerdings immense Ansprüche an die Qualitäten des jeweiligen Liebes- und Lebenspartners stellen. Trotz heftiger Flirts bleiben viele Löwen für längere Zeit Single. Sind sie endlich eine feste Beziehung eingegangen, so bestehen Löwen auf erprobten Mustern und Moralvorstellungen, agieren im besten Wortsinn konservativ.

Die Löwe-Frau

Warum fällt sie einem Mann auf? Sie trägt ihren Kopf betont gerade, hält lange Flirt-Blicke aus, ohne nervös an ihrer Frisur oder ihrem Kleid zu zupfen und weiß sich in jedem Kreis auf intelligente Art an der Unterhaltung zu beteiligen. Nötigenfalls aber auch genauso gekonnt herauszuhalten, wenn ihr das Thema nicht liegt. Kommt ein Mann der Löwin näher, weicht sie ihm nicht schulmädchenhaft hektisch aus, sondern hält ihn mit kühlem Blick auf Körperdistanz. Natürlich weckt das in jedem Mann sofort die Lust auf diese stolze Schöne.

Was zieht sie auf Anhieb an ihm an? Sein selbstbewusstes Auftreten. Wenn er in auch etwas chaotischen Situationen Ruhe bewahrt und ordnend eingreift, findet sie das interessant. Manchmal auch mehr als nur das. Betont männliches Aussehen kann beflügelnd wirken, muss aber mit einem gewissen intellektuellen Niveau kombiniert sein, sonst langweilt sich die Löwin und verschwindet.

Was will sie zuerst über ihn wissen? Was er kann. Das gilt für Beruf, Vermögen und Sex gleichermaßen. Dabei interessieren sie nur positive Tatsachen, Negatives blendet sie aus, was später, wenn die erste Euphorie verflogen ist, oft zu Enttäuschungen führt. Probleme, mit denen er nicht fertig wird, sind für sie alles andere als eine Aufforderung zum Tanz. Als seelischer Mülleimer will sie unter keinen Umständen herhalten.

Wie zeigt sie, dass sie Interesse hat? Indem sie den Mann, auf dem ihr Auge wohlgefällig ruht, auf höchst durchschaubare Art in irgendeiner Angelegenheit um Hilfe bittet, in der sie normalerweise ganz gut alleine zurechtkäme.

Das ist bei einer so selbstbewussten Frau schwer. Löwinnen wissen gemeinhin von alleine, was sie wollen. Und die Absicht, sie zu etwas zu bewegen, was sie nicht selbst will, verstimmt sie in der Regel grundsätzlich und für immer. Der Versuch, sie mit Lilien zu überschütten oder zu einem teuren Wein einzuladen, dürfte ebenfalls kaum dazu führen, sie in eine bestimmte Richtung zu lenken. Aber Männern bleibt meist nichts anderes übrig, als es zu probieren. Denn Löwinnen sieht man meist nicht sofort an, ob sie sich für einen Mann interessieren oder nicht.

Wie hilft man ihr, falls nötig, auf die Sprünge?

Mit komplizierten Gesprächen über die eigene, männliche Befindlichkeit. Natürlich haben auch Löwinnen durchaus ein Gespür dafür, wenn ein Mann in seelischen oder sonstigen Nöten ist und Beistand benötigt. Man kann mit einer Löwin Nächte hindurch über die Dinge des Lebens sprechen, über Lösungen nachdenken und wird ganz sicher gescheite Ratschläge bekommen. Auf diese Weise landet der betreffende Mann eventuell als schwieriger, hilfe- und kommunikationsbedürftiger Freund in ihrem Telefonverzeichnis, mit an Sicherheit grenzender Wahrscheinlichkeit aber nicht in ihrem Bett.

Und wie kriegt man sie ganz bestimmt nicht rum?

Noch strahlender, noch erotischer als ohnehin schon. Die Löwin verliert allerdings dabei nicht die allgemeine Übersicht. Ihren beruflichen und/oder privaten Verpflichtungen kommt sie mit gewohnter Präzision und professioneller Qualität nach. Da auch eine Löwin nur 24 Stunden am Tag zur Verfügung hat, vernachlässigt sie als Verliebte zwar nicht den Bürocomputer oder die kranke Tante, aber ganz bestimmt für eine Weile ihren Freundeskreis und ihre sonstigen Hobbys, ohne natürlich das Gefühl zu haben, dass ihr etwas fehlt.

Wie ist sie, wenn sie sich verliebt hat?

Wann ist auf einen Schlag alles vorbei, bevor es richtig angefangen hat?

Wenn sie ihn bei Unehrlichkeit ertappt. Er hätte doch sagen können, dass er mit seiner letzten Beziehung noch die Wohnung teilt, weil er gerade mitten im Staatsexamen steckt und einfach noch keinen Nerv hatte, sich etwas preiswertes Neues zu suchen. Mit der Situation hätte die Löwin – zumindest für einige Zeit lang – leben können. Bekommt sie die Tatsachen dagegen bei einem zufälligen Anruf mit, so hält sie das für einen groben Vertrauensbruch und ihren Lover für einen Feigling. Schluss!

Die erste Nacht mit ihr ...

... ist wie ein kurzer Feldzug. Die Entscheidung dafür geht vermutlich von ihr aus und wenn sie sich entschieden hat, dann will sie ohne Umschweife den Mann erobern. Raffinement? Na klar! Die Löwin trägt ohnehin meistens aufregende Dessous, auch zum Spaß für sich selbst. Sie hat längst ausprobiert, auf welchen Sessel sie ihn dirigieren und wo die Lampe stehen sollte, damit der Lichtkegel voll auf ihre Brüste fällt, wenn sie ihr Kleid mit katzenhafter Eleganz vom Leibe gleiten lässt. Sie erwartet dann handfeste Taten ... Übrigens sind die meisten Löwinnen für das Liebesspiel gut durchtrainiert und ausdauernd! Das verlangen sie auch von ihren Liebhabern. Die sieht sie am liebsten unterworfen, aber nicht unterwürfig.

Was ist an ihr so faszinierend?

Ihre Absolutheit. Ganz oder gar nicht, das ist ihre Devise. Der geht sie kompromisslos im Beruf nach, und die galt auch schon immer für ihr Privatleben, für den Umgang mit Freunden und Bekannten. Nur mal kurz bei irgendjemandem vorbeizuschauen, nur weil man ihn eine Weile nicht gesehen hat, kommt für sie nicht infrage. Entweder macht sie einen Besuch, und dann hat sie einen Grund – und bringt auch Zeit mit – oder sie belässt es bei einem Anruf. Dieser Absolutheitsanspruch gilt natürlich besonders in der Liebe. Eine kleine Liebelei ist ihr nicht der Mühe wert. Gar nicht. Will sie's ganz, dann ist sie zu unendlicher Leidenschaft und heftigsten Gefühlsausbrüchen fähig. Und erwartet vom Partner ebenfalls unendliche Leidenschaft.

Was ist ihr Ideal von Beziehung?

Dass sie sich zu einem möglichst in (fast) jeder Hinsicht überzeugenden Mann ausdauernd hingezogen fühlt und ihre Ausdauer erwidert wird. Außerdem muss ein Gleichgewicht der Kräfte herrschen: Weder kann sie es dulden, dass ein Mann ihr seine Überlegenheit vorführt, noch wird sie es dulden, wenn er seine eigene Persönlichkeit aufgibt.

Der Schritt zur gemeinsamen Zukunft …

… beginnt bei aller Verliebtheit mit einer knallharten Analyse: Zunächst einmal muss das Objekt der Löwinnen-Begierde systematisch erkundet und dann zielstrebig von ihm Besitz ergriffen werden. Dabei hat der potenzielle Lebenspartner durchaus eine „Probezeit" zu absolvieren, während der er damit rechnen muss, dass sie ihm noch nicht die letzten Winkel ihrer Seele öffnet. Er muss beweisen, was er kann, und er muss beweisen, dass er auch unter dieser Art von Prüfungsstress ein hingebungsvoller und aufmerksamer Liebhaber ist. Erst anschließend werden die Romantik-Kerzen angezündet.

Ihre Einstellung zur Ehe?

Positiv. Wenn eine feste Beziehung, dann bitte schön auch mit allen bürgerlichen Konsequenzen. Und wenn schon bürgerlich, dann darf auch ein wenig feudaler Pomp dabei sein. Wenigstens bei der Hochzeitsfeier, die nicht selten in eine rauschende Ballnacht übergeht. Wenn es Probleme gibt, wird sie kämpfen. Löwen verdrücken sich da nicht durch irgendwelche Hintertürchen.

Was bedeutet es ihr, Mutter zu werden? Da die Löwin zumeist von sich selbst zutiefst überzeugt ist, hält sie es zu gegebener Zeit für absolut notwendig, Kinder zu bekommen und sie zu genauso tüchtigen und liebenswerten Menschen zu erziehen, wie sie selbst ist. Die Löwin ist allerdings nicht darauf erpicht, sich als Alleinerziehende zu stressen, und wird sich bei aller Liebe den Schritt in die Schwangerschaft reiflich – wahrscheinlich länger als andere Frauen – überlegen. Hat sie sich entschieden, so wird sie unter Garantie eine aufopfernde, fantasievolle und pädagogisch talentierte Mutter sein. Was ihr fehlt – und was sie auch nicht für nötig hält – ist der übertrieben gluckenhafte Brutpflegetrieb, den man gemeinhin von überzeugten Müttern erwartet.

Aus welcher Ecke kommen im Zusammenleben mit ihr die ersten Schatten? Aus ihrem eigenen Naturell. Die wenigsten Männer ertragen eine stolze, dominante Frau. Die Dinge des Lebens regelt sie prinzipiell auf ihre eigene Weise, und oft genug vergisst sie, den Partner überhaupt zu fragen, geschweige denn, seiner Meinung oder Anordnung zu entsprechen. Auch wenn die Löwin zumeist sehr logisch und sachkundig entscheidet und hervorragend organisiert, bringt ihr das Beziehungskonflikte. Ihr Mann findet sie dann eben nicht mehr, wie zu Beginn der Beziehung, brillant oder überzeugend, sondern aggressiv und herrisch.

Wie reagiert sie auf Stress in der Partnerschaft? Sie wird weder still leiden noch um Verzeihung bitten. Ihr liegt die emotionsgeladene Auseinandersetzung: Offensiv streiten, Probleme benennen, vor allem ihre Position darstellen, notfalls auch ein bisschen – sei es auch nur Theaterdonner – brüllen und Bühnentränen (vor Wut) fließen lassen. Dann muss sich erweisen, ob sie seine Persönlichkeit auch im Streit noch überzeugend findet.

Thema Geld – wie hält sie es damit im Zusammenleben?

Die Löwin weiß den Wert des Geldes zu schätzen. Und sie kennt ihren eigenen Wert und verlangt, wo immer sie sich beruflich einbringt, auch einen entsprechenden materiellen Gegenwert. Sie hält sich nicht für habgierig, wenn sie verlangt, was ihr zusteht. Luxus gefällt ihr, und sie kann großzügig damit umgehen, ohne verschwenderisch zu sein. Geiz ist ihr völlig fremd. Allerdings wird sie immer auf ihren Kontostand achten und kann – gestalten sich die materiellen Verhältnisse enger – ohne großes Lamento statt Orchideen Gänseblümchen in ihre Vasen stellen. Gleichgültig, ob es ihr finanziell gut oder schlecht geht, wird eine Löwin niemals sich und ihre Ideale verkaufen.

Was bedeutet ihr Treue in der Beziehung?

Alles. Sie findet es unter ihrer Würde, ihren Partner zu betrügen. Es macht sie schon wütend, wenn sie dessen nur verdächtigt wird. Aber natürlich erwartet sie von ihrem Partner die gleiche Einstellung.

Ist sie eifersüchtig?

Es dauert lange, bis eine Löwin zu argwöhnen beginnt, ihr Liebster könne eine andere Frau tatsächlich interessanter, schöner, erotischer finden ... Schließlich ist sie die Majestät und sitzt auf dem Liebesthron. Schöpft sie tatsächlich Verdacht und ist der Verdacht gar begründet, dann sollte er sich allerdings vorsehen: Eine Löwin macht erbarmungslos von ihren Krallen und Zähnen Gebrauch! Nicht nur gegenüber dem untreuen Lebenspartner, sondern auch gegenüber ihrer vermeintlichen Rivalin.

Was verletzt sie in der Beziehung am allermeisten?

Untreue. Vor allem, weil sie darin eine Verhöhnung der eigenen Person und eine entscheidende Charakterschwäche ihres Partners sieht. So großzügig sie über manche andere männliche Schwäche vielleicht hinwegzusehen vermag, dies duldet und verzeiht sie nicht.

Und wie fies kann sie selbst sein?	Stellt sich heraus, dass die Beziehung nicht mehr spannend genug ist, dann wird die Löwin die jeweilige Affäre beenden. Seine Gefühle interessieren dabei weniger. Sein Leid möge er bitte anderen klagen. Basta. Ein schlechtes Gewissen macht sie sich deswegen noch lange nicht.
Wie macht sie Schluss?	Ohne Vorwarnung! Tiefsinnige Beziehungsgespräche oder stilvolle Abschiedsessen hält sie für Zeit- und Geldverschwendung. Möglicherweise tut's ja auch die Rückseite des letzten Einkaufszettels als Abschiedsbrief. Oder ein Fax.

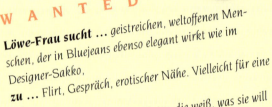

W A N T E D

Löwe-Frau sucht ... geistreichen, weltoffenen Menschen, der in Bluejeans ebenso elegant wirkt wie im Designer-Sakko,
zu ... Flirt, Gespräch, erotischer Nähe. Vielleicht für eine Ehe.
Bin ... wie eine dickköpfige Katze, die weiß, was sie will und wo sie es bekommen kann. Teile aber gern.
Biete ... Kenntnisse diverser edler Wein- und Speisekarten, Internet-Einstieg, einen vollen Terminkalender und das Rascheln meiner Satin-Bettwäsche.
Eigenarten? Sehr wählerisch, gelegentlich überheblich.

Der Löwe-Mann

Einfach, weil er aufrechter geht als andere. Weil er ein bisschen das Leben als ein Spiel betrachtet, in dem seine eigenen Würfel meistens richtig fallen. Weil er seine intelligenten Bonmots in einer Gesprächsrunde anbringt, ohne dass der Eindruck entsteht, er wolle sich in den Vordergrund drängen.

Warum fällt er einer Frau auf?

Schönheit, intellektueller Charme, eine offensichtliche Selbstständigkeit des Urteils und der Lebensweise. Vor allem, wenn die Dame seines Herzens es genießt, von ihm ritterlich behandelt zu werden. Merke: Stets zuerst die langstielige Rose, die er morgens auf den Büroschreibtisch praktiziert hat, mit frischem Wasser versorgen, erst dann den Computer anwerfen und die Chefpost ordnen. Irgendeine wohlmeinende Kollegin erzählt ihm das ganz heiß.

Was zieht ihn auf Anhieb an ihr an?

Ob sie solo ist oder er gegen einen Konkurrenten mit älteren Rechten antreten muss. Darauf stellt er seine Taktik ein. Dass er um die Angebetete kämpfen wird, bedarf eigentlich keiner besonderen Erwähnung. Auch nicht, dass er gegen einen eventuellen Konkurrenten keine besondere Rücksicht walten lässt.

Was will er zuerst über sie wissen?

Die Dame seines Herzens erwartet in jedem Falle eine heftige Belagerung: Telefonate, Briefe, Blumen, Einladungen, offene oder versteckte erotische Geständnisse. Löwen sind meist fantasievolle Ritter, denen die Eroberung der Festung manchmal mehr Genuss verschafft als deren letztendlicher Besitz. Sie sollte ihm seine Planspiele gönnen und die Zugbrücke nicht beim ersten Angriff herunterlassen.

Wie zeigt er, dass er Interesse hat?

Wie hilft man ihm, falls nötig, auf die Sprünge?

Mit einer originellen Einladung. Dabei darf es von witzig-preiswert (gemeinsam die längste Strecke der Stadtbahn von der Anfangs- bis zur Endhaltestelle fahren und sich zu den gewöhnlichen Passagieren lustige Storys ausdenken) bis exklusiv-teuer (zum Tandem-Fallschirmspringen oder zu einer Musical-Premiere übers Wochenende nach London oder nach Stuttgart) alles sein, wovon sie mit einiger Sicherheit annehmen kann, dass ihm dergleichen noch nicht vorgeschlagen wurde.

Und wie kriegt man ihn ganz bestimmt nicht rum?

Mit Vorwürfen, Tränen oder mit Erinnerungen an nicht eingelöste Versprechen. Überhaupt mit allen Versuchen, an sein Gewissen zu appellieren, ihn moralisch unter Druck zu setzen. Schon gar nicht, indem man die 5000jährige Unterdrückung des weiblichen Geschlechts beklagt.

Wie ist er, wenn er sich verliebt hat?

Warmherzig, verspielt bis albern, einfallsreich im Werben um sie, heißhungrig auf jede Art von körperlicher Nähe. Und natürlich sexuell hyperaktiv. Möglicherweise wird er ihr das Gefühl vermitteln, dass er sie schon viele Jahre kennt; dadurch wird ihm sein sexuelles Begehren vertraut vorkommen und in keiner Weise unangemessen draufgängerisch.

Wann ist es vorbei, bevor es überhaupt richtig angefangen hat?

Wenn sie Machtkämpfe provoziert, ihm zu früh zu oft widerspricht. Nichts gegen eine selbstbewusste Schöne, aber sie muss schon Seiner Majestät das letzte Wort zugestehen. Und während Löwen im Job, draußen in der Welt jeden Kampf annehmen, der nicht völlig aussichtslos erscheint, verabscheuen sie die üblichen Geschlechter-Kleinkriege und Beziehungsgrundsatzdiskussionen und ziehen sich – leise bedauernd aber konsequent – aus der Beziehung zurück.

Die erste Nacht mit ihm ...

... wird vermutlich wie ein großes, intensiv und lange brennendes Kaminfeuer aus Buchenscheiten sein. Der Löwe ist ein fixes Feuerzeichen. Das bedeutet, er kann ausdauernd, heiß und kraftvoll genießen. Und genießen lassen. Als Herrscher, dem eine derartige Behandlung schließlich zusteht, lässt er sich auch gern von seiner Geliebten verwöhnen, streicheln, lecken und beißen. Fiebrige, eruptive Momente, ein Feuerwerk sinnlicher Ideen sind bei Löwe-Geborenen seltener zu erwarten. Gerät der Löwe an eine Sternzeichenpartnerin, die sich durch prognostisches Denken und planerisches Geschick auszeichnet, wird er nichts dagegen haben, wenn sie für die erste Nacht ein Appartement für eine Woche in einem Sporthotel bucht.

Was ist an ihm so faszinierend?

Seine Selbstgewissheit, seine sichere Art zu entscheiden, sein Stilgefühl, die strahlende Energie der Sonne. Zugleich aber vermag er hinter seiner äußerlich zur Schau gestellten (Sonnen-)Energie die verhaltene Empfindsamkeit der lunar bestimmten Gefühlskräfte zur Wirkung zu bringen. Alles in allem eine gelungene Synthese von Kopf- und Seelenkräften.

Sein Ideal von Beziehung?

Eine faszinierend schöne und kluge Frau, die sich ihm so elegant unterzuordnen versteht, dass es wie Gleichberechtigung aussieht. Für ihn ist eine Liebesbeziehung die häusliche Inszenierung der Weltordnung, wie er sie sieht. Er sieht das ganz ohne Zynismus so – und kommt meistens damit durch.

Der Schritt zur gemeinsamen Zukunft ...

... hängt davon ab, ob er sich hinreichend geliebt, besser noch auf ein Podest gehoben und vergöttert fühlt und außerdem auch nach den ersten heißen Nächten tatsächlich aufgeregt ist, wenn er morgens ihren Kopf auf seinem Kopfkissen findet.

Seine Einstellung zur Ehe?	Schwierig, denn er liebt es, sein großes Reich zu durchstreifen und möchte sich eigentlich in seinem schöpferischen und sexuellen Spielraum nicht eingeschränkt sehen. Außerdem verstehen es gerade Löwe-Geborene sehr gut, sich intellektuell und in ihren Aktivitäten selbst genug zu sein. Andererseits kennt der Löwen die Kälte der Einsamkeit zur Genüge. Eigentlich läge ihm ja an einer festen Beziehung mit gültigen Regeln und klaren Prioritäten. Hat ein Löwe einmal Ja gesagt, kann die erwählte Frau auf diese Entscheidung bauen. Dann ist „lebenslänglich" gemeint, auch wenn es nicht immer gelebt wird.
Was bedeutet es ihm, Vater zu werden?	Ein schöpferischer Akt, eine Vervielfältigung seiner Potenzen, eine Verlängerung der eigenen Perspektiven ins Zukünftige. Mit einem zahnenden Baby und dessen Fläschchen sollte man gerade männlichen Löwen allerdings vom Fell bleiben. Das ist nicht unbedingt ihr bevorzugter Wirkungskreis. Gerade hierin erweisen sich Löwe-Geborene gemeinhin als klassische Machos, die noch um Mitternacht ins Büro oder an die Bar ziehen würden, falls es im Hause zu sehr nach Windeln riecht. Gilt es aber zum Beispiel, dem heranwachsenden Sprössling Schach – das wahrhaft königliche Spiel – beizubringen oder die Abseitsregel beim Fußball zu erklären oder die Anfangsgründe der Musiktheorie zu vermitteln, werden sie unentbehrlich ...
Aus welcher Ecke kommen im Zusammenleben mit ihm die Schatten?	Ihre Rivalitätskämpfe und seine Pascha-Allüren. Ihm geht es fürchterlich gegen den Strich, wenn sie gegen die nach den besten der möglichen Prinzipien eingerichtete Weltordnung aufbegehrt, und sei es, dass sie nur verlangt, er könne doch auch mal den Geschirrspüler ausräumen. Da wendet er sich wortlos und mit Grausen.

Zuerst einmal versucht der Löwe, den Beziehungsalltag stressfrei zu optimieren und lässt sein Organisationstalent spielen. Aus den üblichen Ehezwisten über Banalitäten hält er sich heraus. Nie wird er mit ihr streiten, weil sie die Buttersorte oder den Getränkelieferanten wechselte. Darf die Schwiegermutter in seinem Lieblingssessel Platz nehmen, wird er nur leise in sich hineinknurren. Bei den Problemen allerdings, die ihm wirklich am Herzen liegen, erzwingt er die Entscheidung mit Macht, notfalls auch mit lautstarken Auftritten. Löwen geben zuweilen herrliche Choleriker ab, wenn auch nur Außenstehende, die den Löwe-Haushalt schnell wieder verlassen können, diese Herrlichkeit recht zu genießen verstehen …

Wie reagiert er auf Stress in der Partnerschaft?

Leben und leben lassen ist seine Devise. Es kann gar nicht luxuriös genug zugehen, schließlich sind Paläste dazu da, bewohnt zu werden. Vorausgesetzt das finanzielle Polster ist dick genug. Ein Löwe wird bei aller Lust am guten Leben weder mit dem eigenen noch mit fremden Geld verantwortungslos umgehen. Aber er wird alles daransetzen, im Umgang mit Finanzen jene Sicherheit und Souveränität zu erwerben, die seinen übrigen Ansprüchen an das Leben entspricht. Von seiner Partnerin lässt er sich beraten, bevor er eine grundsätzliche Entscheidung trifft, aber er wird sich stets verbitten, dass sie ihm bei jeder einzelnen Transaktion dazwischenquatscht.

Thema Geld – wie hält er es damit im Zusammenleben?

Frauen haben treu zu sein, bei Männern kommt es immer auf die Situation an. Das ist zwar seine Lebensmaxime, doch die gelebte Wirklichkeit sieht in der Regel etwas biederer aus. Mit Seitensprüngen halten sich Löwe-Männer nicht so ausgiebig auf, wie man ihnen manchmal nachsagt – so etwas ist für sie immer ir-

Was bedeutet für ihn Treue in der Beziehung?

gendwie eine halbe Sache, und halbe Sachen mögen Löwen nicht besonders. Es kann andererseits schon mal passieren, dass ein Löwe-Mann neben seiner „eigentlichen" Beziehung über Jahre ein festes Verhältnis pflegt. Ehrensache allerdings, dass er dies so elegant und diskret abwickelt, dass sie fast immer ahnungslos bleibt. Denn feste Beziehungen und Ehen gelten dem Löwen als seine Besitzstände, die er pfleglich behandelt.

Ist er eifersüchtig?	Rasend, weil es eigentlich undenkbar ist, dass ein Löwe betrogen wird. Seine Frau auf Abwegen? Welch ein abwegiger Gedanke. Dass sie sich nur herausnimmt, was er für sich als selbstverständliches Recht reklamiert, kommt ihm gar nicht in den Sinn. Dass ihr – ungeachtet eines Seitensprunges – genauso viel an der Erhaltung ihrer Beziehung liegen könnte wie ihm, erforderte nüchterne Überlegung – und zu der ist er im Stadium der Eifersucht einfach nicht fähig. Oft sagt und tut er in diesem Zustand Dinge, die ihm später leid tun, falls er sich überhaupt daran erinnert, wenn er in die Welt der kontrollierten Handlungen zurückkehrt.
Was verletzt ihn in einer Beziehung am meisten?	Wenn sie sich über ihn lustig macht, ihn zu einem Rendezvous bestellt und stundenlang warten lässt. Möglicherweise verzeiht er es noch, wenn sie seinen Geburtstag vergisst, aber nicht, wenn sie an einem Tag, der für ihn im Job wichtig war, abends mit drei Freundinnen ins Kino verschwindet und ihn mit seinem Triumph (oder vielleicht Stress) allein lässt.
Und wie fies kann er selbst sein?	Eigentlich nur dann, wenn der Mars-Aspekt zu großen Einfluss gewinnt, reagieren Löwen gelegentlich auch hart und ungerecht. Ansonsten gelten sie eher als großzügig und vertrauenswürdig, als ehrliche Kämpfer. Meistens durch eine blitzschnelle Entscheidung, direkt

Wie macht er Schluss?

in die Tat umgesetzt, wobei es in der Mehrzahl der Fälle zu einer kräftigen, mit aller zur Verfügung stehenden Lautstärke veranstalteten Debatte kommen wird. Solche reinigenden Gewitter geben ihr die Chance zur Erwiderung und nachfolgender emotionaler Balance. Kränkend gestaltet sich der Abgang des Löwen nur in solchen Fällen, wenn er eine Partnerin – aus welchen Gründen auch immer – für nicht mehr wert befindet, sich überhaupt mit ihr auseinanderzusetzen. Er ignoriert ihre Versuche, sich ihm zu erklären und schreitet hoheitsvoll schweigend davon. Sie bleibt tief verunsichert zurück und kann dann höchstens noch mit seinem Anrufbeantworter kommunizieren.

WANTED

Löwe-Mann sucht ... eine geistreiche, strahlende Erscheinung mit Witz; Kleidergröße und andere Nebensächlichkeiten völlig egal;

zum ... Erobern, Spielen, Verwöhnen, zum In-die-Welt-Mitnehmen und Festhalten.

Bin ... durch nichts umzuwerfen. Ihre skeptische Mama wird mich vergöttern. Ihr kritischer Papa wird meinen Ratschlägen in Finanzfragen trauen. Und Sie werden mich anbeten.

Biete ... mich, das genügt wohl!

Eigenarten? Gelegentlich etwas egozentrisch und laut. Kluge Frauen verstehen das auszugleichen.

Hautnah.
Im Bett mit einem Skorpion

Erotische Grundenergie — Fixiert. Sie wird durch ein erotisches Aha-Erlebnis ausgelöst. Der Partner oder die Partnerin, für die sich ein Skorpion einmal entschieden hat, bestimmt die Richtung des Energieflusses für lange Zeit. Skorpione suchen die Identifikation mit dem geliebten Menschen an ihrer Seite.

Was Sex für sie/ihn bedeutet — Sex ist für Skorpione beiderlei Geschlechts so essenziell, dass sie nicht glauben können, dass es Menschen gibt, denen es anders geht. Niemals ist Sex für sie etwa ein Routinevorgang wie die Nahrungsaufnahme; vielmehr genau das, was den sinnlichen Genuss des Essens von der bloßen Nahrungsaufnahme unterscheidet. Der Entzug von Sexualität, ein „häuslicher Krieg" nach dem Muster von Aristophanes' Lysistrata, der auch nur zeitweilige Entzug von Zärtlichkeit und Zuwendung kann für den psychischen Haushalt von Skorpion-Menschen katastrophale Folgen haben.

Sexuelles Potenzial — Beständig und dynamisch. Die Skorpion-Sexualität – weibliche wie männliche – übt auf andere eine suggestive Anziehungskraft aus.

Der Weg zur Erregung — Für Skorpion-Menschen führt der Weg zum Gipfel sehr stark über den Genitalbereich. Sanftes Streicheln und Zungenspiele, die mehr Verhüllung als Erfüllung sind, reizen die Sinne bis zur Ekstase.

Anmacher — Gespräche, Flüstern, Hauchen, Schreien, versteckte und offene Obszönitäten. Auch ein Spiegel im Schlafzimmer – nach dem Motto: „Vertrauen ist gut, Kontrolle ist besser!" – kann Skorpion-Menschen nahe bis an den Gipfel führen. Videos, über die man normalerweise nicht spricht, regen ihn an.

die Atmosphäre, dann genügt es, relativ zurückhaltend die kraftvollen Attacken des Löwe-Mannes zu erwarten. Gerade beim Sex wäre er kaum bereit, auf seine Dominanz zu verzichten. Folglich bevorzugen Löwe-Männer im Liebesspiel eher konservative Konstellationen. Löwinnen dagegen legen es gemeinhin auf heftig erotische Scharmützel an und dirigieren letztendlich ihren Lover gerne unter sich, um selbst den Rhythmus zu bestimmen.

Anmacher

Der Löwe erwartet, dass seine erotische Tatkraft auch verbal bewundert wird. Zwischendurch darf seine Geliebte ihre Zufriedenheit mit sanften Streicheleinheiten für seinen Rücken bekunden. Löwinnen genießen einen eifrig um alle ihre erogenen Zonen bemühten Liebhaber, dessen Zunge weder ihre Brüste noch ihre Schenkel vernachlässigt.

Abturner

Alles was die stilvolle Erotik-Inszenierung aus der Balance zu bringen droht. Nicht nur Äußerlichkeiten, sondern vor allem die psychische Gestimmtheit. ‚Dirty talk' ist ebenso wenig angesagt wie komplizierte Psycho-Gespräche als Vorspiel. Denn damit gibt der Partner oder die Partnerin kund, dass etwas anderes wichtiger ist als das, was der Löwe gerade für angesagt hält.

Erotische Fantasien

Für ihn: In einem wunderschönen orientalischen Harem unablässig biegsame Frauenkörper zu bezwingen. Für sie: Die gut gebauten, gepflegten Knaben aus der Männer-Strip-Show zu ihren Füßen zu sehen (wo sie dann nicht unbedingt bleiben müssen).

3. Astro-Connections: Der Löwe und die anderen

Löwen sind in der Liebe echte Feuerköpfe – mit allem, was das an Positivem und Negativem für eine Partnerschaft bedeutet. Überraschend gut kommen sie mit Partnern aus, in deren Geburtsstunde ebenfalls das Feuer lohte. Weniger freundlich meinen es die Sterne mit Verbindungen zu den Erdzeichen. Gegenüber Luft- und Wasser-Geborenen verhalten sich Löwen oft ambivalent. In allen denkbaren Kombinationen aber gilt: Man muss den Löwen nehmen, wie er ist; ihn umzumodeln, hat noch keiner Beziehung gut getan.

Ein Typus von Partnerschaften, die sich häufig und fast von selbst entwickeln. In denen zwei auf der gleichen Frequenz schwingen oder sich gegenseitig ergänzen

„Funktioniert irgendwie immer"

Löwe / Widder

Eine der haltbarsten Verbindungen für einen Löwen überhaupt. Knistern und Funkensprühen inbegriffen stehen die glutrote Sonne und der brandrote Mars so zueinander, dass sich ihre Energien zumindest bündeln, wenn nicht sogar multiplizieren. Als zwei Feuerzeichen wissen sie aneinander vor allem die emotionale Intensität und die erotische Leidenschaft zu schätzen. Gelegentliche Anfälle von sexueller Konsumentenbequemlichkeit beim Löwen werden durch den Elan des Widders kompensiert. Die Beziehung funktioniert allerdings nicht nur deshalb, weil es im Bett besonders gut läuft, sondern weil beide intelligent genug sind, dem Partner jeweils eigenen Spielraum zuzugestehen. Damit können latente Spannungen ausgeglichen werden. So, wenn der dynamische Führungsdrang des Widders mit dem eher statischen Herrschaftsanspruch des Löwen zusammenprallt. Die Verbindung dieser beiden Sternzeichen hinterlässt bei Außenstehenden manchmal den Eindruck, als lebten beide Partner ziemlich konsequent aneinander vorbei, denn beide sind im Grunde ausgesprochene Einzelgänger. Vielleicht haben sie in der Partnerschaft aber nur eine Strategie entwickelt, ihre stets vorhandenen Konfliktpotenziale nicht dauernd einander zuzukehren.

Löwe / Waage

Die Waage steht für den Ausgleich der Gegensätze, für Verständigung, für Stilempfinden und Sensibilität, auch für großen Kunstsinn. Dies alles spricht Löwe-Geborene stark an, kommt es doch ihrer Lebensart nahe und ergänzt sie gut. Dass Waage-Geborene mit der Dominanz und dem autoritären Ton der Löwen geschickt umzugehen verstehen, deren gelegentlicher Aggressivität ihre diplomatischen Fähigkeiten entgegenzusetzen haben, bringt erstaunliche Harmonie in die Partnerschaft.

Unstimmigkeiten entstehen, wenn überhaupt, aus der erotischen Aktivität der nun einmal vom Planeten Venus beherrschten Waage-Geborenen. Sie verlangen dem Löwen nicht nur Kraft und Ausdauer sondern auch einige Kreativität beim Liebesspiel ab. Hier können besonders Waage-Frauen deutlich fordern, sie gelten aber auch als höchst aufregende Geliebte. Meist leben Löwen ihre Sexualität mit mehr körperlicher Direktheit aus als Waagen, die in dieser Beziehung zu einer gewissen ästhetischen Stilisierung neigen. Namentlich in Löwe-Männern erwacht manchmal die Ungeduld, wenn es ihre Waage-Partnerin zum Beispiel dieses Mal partout nach Art des Rokoko haben will. Hingegen wird die Sinnlichkeit der Löwe-Frau durch die erotische Fantasie von Waage-Männern meist gehörig angestachelt. Manchmal ist es ein langer Weg, bis Löwe und Waage einander finden. Aber wenn sie sich denn einmal gefunden haben, ist es nicht selten eine Beziehung voller Höhepunkte – eine Liebe von Ewigkeit zu Ewigkeit.

Löwe / Schütze

Zwei Feuerzeichen in gegenseitiger Spannung: Das wird auf jeden Fall eine emotionsgeladene Affäre! Die Verbindung der Sonne des Löwen mit dem Jupiter des Schützen gilt als eine Königsverbindung. Im praktischen Leben stellt sich das so dar, dass der Schütze seine überragenden Ideen entwickelt, die der Löwe auf Realisierungschancen und Fehlerquellen prüft, wonach das Team zur Tat schreitet. Man könnte auch sagen, dass weltlicher und geistlicher Führungsanspruch aufeinandertreffen, gewissermaßen Kaiser und Papst in einer sexuellen Universalharmonie. Beide Zeichen haben eine sehr extrovertierte Art, einander ihre Zuneigung zu zeigen; beide leben ihre Sexualität ohne Hemmungen und Tabus aus. Schütze-Männer sind vielleicht etwas experimentierfreudiger als Löwe-Frauen, was aber nur dann zu wirklichen Konflikten führt, wenn es der männliche Schütze allzu offensichtlich auf outdoor-Experimente abgesehen hat. Schütze-Frauen sitzt hingegen oft der Schalk im Nacken, wenn es ums Ausprobieren neuer sexueller Möglichkeiten geht. Dadurch wird die allzu gravitätische Selbstgewissheit des Löwe-Mannes gebrochen, der sich wiederum alle Mühe gibt, seiner Schütze-Gefährtin wenigstens die Grundbegriffe partnerschaftlicher Treue beizubringen; meist ist sie eine gelehrige Schülerin. Eine Beziehung, in der keine kleinen Brötchen gebacken werden, die sich vielmehr selbst immer wieder neue Herausforderungen schafft.

„Sie küssten und sie schlugen sich"

Ein Typus von Partnerschaften, die reizen und herausfordern aber auch heftige Probleme bringen können

Löwe / Jungfrau

Die Jungfrau folgt im Tierkreiszeichen unmittelbar auf den Löwen. Er gibt die Richtung an, führt das Lebenssteuer, sie liefert ihm korrekte Kompassdaten. Seriosität, Perfektion und Durchsetzungsvermögen führen zum Erfolg. Zwar gelten Jungfrau-Geborene als spröde, deutlich vom Kopf kontrolliert, aber der Löwe weiß zu schätzen, dass sich sein Partner oder seine Partnerin nicht nur widerspruchslos, sondern sogar gerne an die von ihm gesetzten Normen halten wird. Namentlich Jungfrau-Damen fühlen sich vom stürmischen Begehren mancher Löwe-Männer, die gern selbstherrlich Ort und Zeit bestimmen wollen, mitunter mehr belästigt als beglückt. Ein handfestes Problem dieses Paares liegt im unterschiedlichen Emotionsgefüge. Pflichtbewusstsein allein macht noch keine erotische Nacht. Um auch hier die Anerkennung und Erfüllung zu finden, ohne die der Löwe einfach nicht existieren kann, muss es ihm gelingen, unter der Jungfrau-Oberfläche brodelnde Leidenschaften herauszufordern. Ansonsten bleibt diese Beziehung zu sachlich bis steril. Aber besonders Löwe-Damen gelingt es gut, die Erotik des Jungfrau-Mannes intellektuell herauszufordern; dann erweist sich die Kopfsteuerung – sonst eher ein Hindernis – als außergewöhnlich wirksames Potenzmittel.

Löwe / Wassermann

Das Zusammentreffen beider Zeichen hat den Charakter eines Naturereignisses. Eines seltenen allerdings. Denn das Feuer- und das Luftzeichen bilden eine der partnerschaftlichen Extremlagen. Wenn die Gegensätze sich anziehen, okay. Leider klappt das nur im Sprichwort so reibungslos. Jeder weiß genau, was er will, wobei der klare Verstand des Wassermannes mit den raumgreifenden Planungen des Löwen in Kollision gerät. Schnell heißt es da: Ganz oder gar nicht. Träfen die Impulse des einen allerdings beim anderen auf die passende Frequenz, dann könnte dieses Team durchschlagende Erfolge verbuchen.

Löwe / Fische

Hier treffen Feuer und Wasser aufeinander, was – denkt man an die isländischen Geysire – eine sehr aufregende und wunderschöne Angelegenheit sein kann, bei der große, emotional abgehobene Inszenierungen zu erwarten wären. Besonders weibliche Fische zeigen sich von der lebendigen Kraft des Feuers sehr angetan und Löwen können durchaus Lust darauf spüren, die geheimnisvollen Wasser-Wesen zu erobern. Aber eben das fällt de facto ziemlich schwer. Es ist nun einmal die Eigenart der Fische, sich rasch zu entziehen, lieber von den großen Gefühlen zu träumen, als sich tagtäglich mit einem egozentrischen Pragmatiker herumzuschlagen.

„Wer hätte das gedacht"

Löwe / Zwillinge

Zwillinge sind geistig flexible Luft-Wesen, die der Dominanz des Löwen wenig Widerstand entgegenbringen. Die fleißig und zumeist praktisch veranlagten Zwillinge neigen andererseits zu Unvorsichtigkeiten, zu plötzlichen Ausbrüchen, ändern von einer Minute zur nächsten ihre Stimmungslage: Zwei Seelen in einer Brust eben. Es fällt dem auf feste Normen und Regeln bauenden Löwe-Geborenen ziemlich schwer, dies einzukalkulieren und zu tolerieren. Denn im Grunde erwarten Löwen, dass ihnen alles zu Füßen liegt. Und das wiederum ist für den Zwilling eine durchaus ungewöhnliche Stellung, so reizvoll die Vorstellung auch sein mag, einen Löwen zu umgarnen. Diese Verbindung funktioniert hervorragend als gesellschaftliches Auslaufmodell: Er ein Mann von Einfluss in gehobener Position, sie an seiner Seite das Schmuckstück, das durch aparte Erscheinung und durch kultivierte, intelligente Konversation seinen Glanz in gesellschaftlichen Kreisen, seine Reputation als erfolgreicher Mann erhöht. In nicht wenigen dieser Fälle täuscht der Augenschein. Längst ist das Garn, in dem sie ihn fing, zur Schnur geworden, an der er wie eine Marionette hampelt. Der Zwillings ist's, der sich den Löwen hält, um sich mit ihm zu schmücken.

Ein Typus von Partnerschaften, die auf den ersten Blick gar nicht funktionieren können oder wollen, weil beide zu unterschiedlich sind. Die aber das Potenzial in sich tragen zu genau der Liebe, die das Leben verändert

Löwe / Löwe

Hier wird heftigst um die Macht gekämpft: Zwei energiegeladene Majestäten neben-, über- oder miteinander ... Was beim Sex die Liebesglut entfacht, muss für die übrigen Lebensbereiche nicht unbedingt zu Harmonie führen. Positiv einerseits, dass Löwen nicht nur von anderen Menschen Respekt einfordern, sondern ihn einem ebenbürtigen Partner auch zollen. Auf dieser Basis lassen sich Aktionsfelder und Spielräume diplomatisch aushandeln, Gegensätze überbrücken. Spannungen bleiben bei aller gegenseitiger Klugheit immer auf der Tagesordnung. Denn andererseits sind Löwen in einem Maße egozentrisch, dass ihnen oft schon die bloße Erwägung, ihr Partner oder ihre Partnerin stimme nicht in jedem Punkt mit ihnen überein, so fern wie nur irgendetwas liegt. Sagt ein Löwe „Wir", spricht er nicht im Sinne einer Gemeinschaft mit dem Partner oder der Partnerin, sondern von sich selbst im Pluralis majestatis. Wer jemals ein Löwe-Paar von gemeinsamen Urlaubseindrücken hat berichten hören, weiß das Absurde dieser Situation zu würdigen. Erst erzählt er: „Das Zimmer fanden wir allerdings unter aller Kritik. Aber in der Altstadt haben wir ein kleines Lokal gefunden, wo das Essen fantastisch war ..." Dann erzählt sie: „Wir hatten ein herrliches Zimmer mit einem fantastischen Ausblick. Nur das Essen war grauenvoll. Nicht einmal in der Altstadt haben wir etwas Brauchbares gefunden." Der Inbegriff des Löwe-Löwe-Paares – nach vierzig Ehejahren sagt sie zu ihm: „Wenn einer von uns beiden stirbt, ziehe ich wieder nach Frankfurt."

„Und dann gibt es da noch ..."

Ein Typus von Partnerschaften, die astrologisch entweder indifferent oder „eher ungünstig" beschienen sind. Aber wer weiß denn schon, wo die Liebe hinfällt

Löwe / Stier

Mit einem bedachtsam und vorsichtig zu Werke gehenden Stier wird der Löwe meistens dann in Konflikt geraten, wenn er seinem Naturell entsprechend großzügig und risikoreich schaltet und waltet. Mag da noch eine Stier-Frau – besonders zu Beginn der Liaison – zunächst vom Image und der erotischen Intensität des Löwen sehr angetan gewesen sein, so wird es ziemlich rasch Streit, vor allem um alle finanziellen und materiellen Angelegenheiten geben, namentlich, wenn die Absicherung der Familie davon betroffen ist. Im Ergebnis entstehen bei beiden unüberwindliche innere Blockaden, sodass man sich am Ende nicht einmal mehr im Bett versöhnen kann.

Löwe / Skorpion

Starker Wille, Energie und nicht zuletzt Ausschließlichkeitsansprüche auf beiden Seiten, da sind andauernde Krisen auf sämtlichen Beziehungsebenen – vom Palaver um die Verwendung des Familienbudgets bis zum erbitterten erotischen Stellungskrieg – vorprogrammiert. Der Skorpion wird vom Mars mit Feuer, nicht selten mit Aggressivität, und von Pluto mit seiner magischen Anziehungskraft ausgestattet. Während sich Löwen dem kraftvollen Kampf mit ihrem

Skorpion noch stellen, ist ihnen dessen erotische Magie, die besonders bei Frauen von höchster Intensität sein kann, schlankweg unheimlich. Löwen lassen sich schon mal bis zur Raserei entflammen, möchten aber letztlich doch immer die Kontrolle behalten und Verletzungen vermeiden. Tritt der seltene Fall ein, dass beide Partner die Spuren von Prankenhieben und Giftstacheln irgendwie hinnehmen können, dann mag so eine Beziehung, zumindest zeitweise, denkbar sein.

Löwe / Steinbock

Beide sind große Individualisten. Sie können gut nebeneinander bestehen, werden aber nur selten zueinander finden. Die erdverbundenen Steinböcke orientieren sich zwar – ähnlich den Löwen – stark auf hervorgehobene Lebensziele, aber während der eine – mit der Energie der Sonne ausgestattet – selbstbewusst auf Probleme und Menschen zugeht, hat der andere – in die kurzen und dunklen Erdentage geboren – allergrößte Mühe, sich überhaupt durchzusetzen und bekommt nur selten Gelegenheit zu glänzen. Da Steinböcke es gewohnt sind, ihre Angelegenheiten zäh und mehr oder weniger allein auf sich gestellt zu verfolgen, wird ihnen der umtriebige, offene und kommunikationsfreudige Löwe kaum ein Partner sein.

	Love & Sex	Intellekt	Dauerbrenner	Stressfaktor
Widder	♥♥♥♥	💡💡💡	⏰⏰⏰⏰	⚡
Stier	♥♥♥♥♥	💡	⏰	⚡⚡⚡⚡⚡
Zwillinge	♥♥♥	💡	⏰	⚡⚡⚡⚡
Krebs	♥♥	💡💡💡	⏰⏰⏰	⚡⚡⚡
Löwe	♥♥	💡💡💡💡	⏰	⚡⚡⚡⚡⚡
Jungfrau	♥♥♥	💡💡	⏰	⚡⚡⚡⚡
Waage	♥♥♥♥	💡💡💡💡💡	⏰⏰⏰⏰⏰	
Skorpion	♥	💡💡	⏰	⚡⚡⚡⚡
Schütze	♥♥♥	💡💡💡💡	⏰⏰⏰⏰	⚡⚡
Steinbock	♥♥	💡	⏰	⚡
Wassermann	♥♥♥♥♥	💡💡	⏰	⚡⚡⚡⚡⚡
Fische	♥♥♥♥♥	💡		⚡⚡⚡⚡

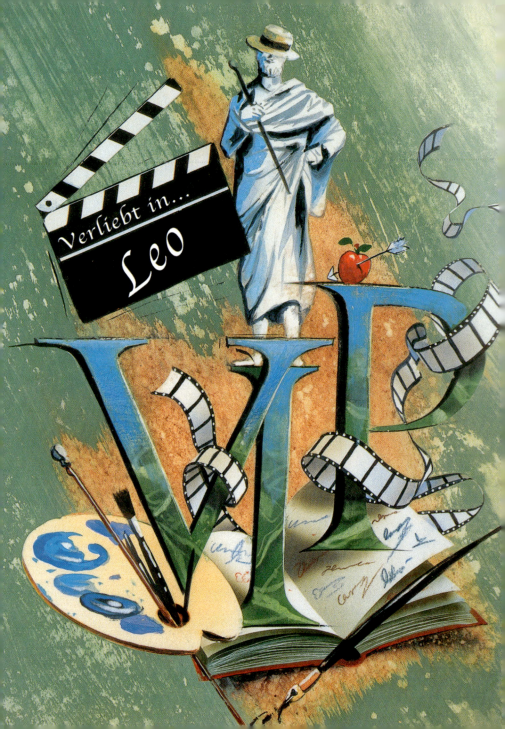

4. Stars und Sterne: Löwen, von denen man spricht

Es ist kein Wunder, dass man die latente Promiskuität, die man Löwe-Geborenen nachsagt, auch bei den Prominenten dieses Sternzeichens findet. Vielleicht liegt es daran, dass sie von der Höhe ihres Throns oft ihre Lebens- und Sexpartner nicht mehr als verwandte Seelen, sondern mehr als dienstbare Geister wahrnehmen. Im Grunde ihres Herzens aber sind sie treu, wenn auch manchmal nur aus konservativer Gesinnung. Trennungen und Verluste schmerzen sie genauso sehr wie jeden anderen Menschen.

Tüchtige Frauen

Thron und Guillotine

Marie Jeanne Dubarry, geb. am 19. August 1743 in Vaucouleurs, wurde 1769 die letzte Mätresse Ludwigs XV. 1770 wirkte sie am Sturz des Ministers Choiseul mit. Ihre Rivalität zu Marie Antoinette war wochenlang Hofgespräch. Nach dem Tod Ludwigs XV. lebte sie auf ihrem Schlösschen bei Marly. Am 8. Dezember 1793 ließen die Jakobiner sie in Paris hinrichten.

Eine große Karriere lag hinter der fünfzigjährigen Frau, die der Henker Anfang Dezember zur Guillotine führte. Doch ihre Hinrichtung war nur eines der vielen sinnlosen Blutopfer, die von den französischen Jakobinern auf dem Altar ihrer verworrenen Ideale dargebracht wurden. Marie Jeanne Dubarry begann ihre Laufbahn als Modistin. Ihr Schwager, ein Graf, verkuppelte sie an Ludwig XV., jenen Monarchen, Urenkel und Nachfolger des Sonnenkönigs, der sich so viel darauf einbildete, von seinem Volk „Le Bien-aimé", der Vielgeliebte, genannt zu werden. Vielleicht erklärt sich dieser Beiname aus seiner sprichwörtlich gewordenen unersättlichen Lust auf junge attraktive Frauen. Die Dubarry wurde die Gefährtin seiner letzten Lebensjahre. Naiv, verschwenderisch und charakterlos führte sie das Mätressenregiment und mischte sich in die große Politik ein, wenn ihr das nötig schien, um ihre Luxusbedürfnisse zu befriedigen und ihren gesellschaftlichen Rang zu befestigen. Sie scheute nicht einmal davor zurück, den Thronfolger, den späteren Ludwig XVI., und dessen junge Gemahlin Marie Antoinette zu demütigen. Nach dem Tod „ihres" Königs wurde sie vom Hofe verbannt und lebte fast 20 Jahre zurückgezogen, aber dennoch in Luxus, immer noch attraktiv, aber fast vergessen. Fast. Denn die Jakobiner erinnerten sich ihrer als eines Symbols höfischer Verschwendung. Sie sperrten sie vor ihrem letzten Gang in genau die Zelle, in der auch Marie Antoinette, ihre Rivalin aus besseren Tagen, wenige Wochen vor ihr auf die Hinrichtung gewartet hatte.

No. 5

Sachlich und raffiniert, natürlich und elegant, eine zarte kleine Person und trotzdem eine wehrhafte Löwenpersönlichkeit, die ihr selbst geschaffenes Mode- und Kosmetik-Imperium mit Klauen und Zähnen zu verteidigen wusste. Ihre Arbeitswut wie ihr Modeverstand, die ihr den Weg von der unbekannten Modistin eines Seitenstraßengeschäfts zur marktbeherrschenden und geschmacksbestimmenden Modezarin bereiteten, waren schon zu Coco Chanels Lebzeiten eine Legende. Ihre vielfältigen und subtilen Beziehungen zu den Künstlern und den Künsten ihrer Zeit ebenso. Für Strawinskis Ballette entwarf sie die Kostüme; immer inspirierten sie Männer zu ihren erfolgreichen neuen Strategien. Während Coco ihr Parfüm *Chanel No. 5* in den nach Tausendundeiner Nacht duftenden Labors kreierte, versetzte sie die Beziehung zum Zarenenkel Dmitri in Schwingungen. Der Verkauf von *No. 5* sollte ihr fünfzehn Millionen Dollar einbringen. Es blieb, ungeachtet aller späteren Kreationen, die teils von ihr geschaffen, teils unter ihrem Namen auf den Markt gebracht, bis heute der Klassiker der feinen duftenden Welt. Ebenso wie das „kleine Schwarze", mit dem Sachlichkeit und Eleganz zum Thema der Mode wurden und das wie kaum ein anderes Kleidungsstück für die neue Rolle der modernen, selbst- und körperbewussten Frau stand. Eine schöne Zauberin, die immer ihre Geschäfte im Auge behielt, ein halbes Jahrhundert lang die Pariser Haute Couture kontrollierte, ohne dabei je ihren Charme zu verlieren. In der Liebe blieb ihr dauerhaftes Glück versagt. Die große Liebe ihres Lebens, ein englischer Offizier, starb 1919 bei einem Autounfall. „Er hinterließ in mir eine Leere, die all die Jahre nicht wieder auffüllen konnten", gestand sie ein Vierteljahrhundert später.

Gabrielle „Coco" Chanell, geb. am 19. August 1883 in Saumur, wuchs in ärmlichen Verhältnissen auf und brachte es von der unbekannten Modistin zur stilprägenden Persönlichkeit. Igor Strawinski und Jean Cocteau, der russische Großfürst Dmitri und der Herzog von Westminster waren ihre Liebhaber. Sie stattete Künstler und Hollywoodstars aus. Coco starb am 10. Januar 1971 in Paris.

Mehr als dunkle Löwenmähne

Hannelore Elsner, geb. am 26. Juli 1944, gehört nicht nur zu den viel beschäftigten Schauspielerinnen des deutschen Fernsehens, sondern gilt auch als erotische Erscheinung par excellence. Aus ihren zahlreichen Rollen ragt die „Kommissarin" heraus, mit der sie einen neuen, sowohl kraftvoll wie betont weiblichen Frauentyp kreierte.

Viele halten sie für die erotischste Frau im deutschen Film und Fernsehen. Tatsächlich hat sie das „gewisse Etwas", das Löwinnen eigen ist. Schon als sie Ende der 60er Jahre in sogenannten „Erotik-Komödien" mitwirkte, war Hannelore Elsner mehr als nur niedlich. Vom Klischee des naiven Zuckerpüppchens konnte sie sich rasch befreien, dafür wurde sie später in die Schublade „Vollblutweib mit kindlicher Seele" einsortiert. Aber die Elsner wäre nicht die Elsner, wenn sie sich damit abgefunden hätte, nur ihre dunkle Löwenmähne zu schütteln. Sie will Persönlichkeit zeigen, Stil bewahren. „Egal was ich spiele, ich will es glaubwürdig spielen." Herausforderungen zu suchen, entsprach ihrem Naturell. Als sie 1993 als „Kommissarin" auf Sendung ging, brach sie die Bahn für eine ganze Reihe ermittelnder Frauen (z.B. Rosa Roth, Bella Block). Pumps und Lederjacke, Lidstrich und Handkantenschlag sind nur die äußeren Anzeichen jener Vielschichtigkeit, mit der sie ihre Rollen gestaltet. Ihre berufliche Karriere lässt kaum Wünsche offen. Das private Glück wollte und wollte in der Vergangenheit nicht von Dauer sein. Zwei Jahre war sie (von 1964 bis 1966) mit dem Schauspieler Gert Vespermann verheiratet. 1972 probierte sie es mit einer Hochzeit nach buddhistischem Ritus. Ihren späteren Lebensgefährten Alf Brustellin verlor sie 1981 durch einen Autounfall. Filmproduzent Bernd Eichinger stand ihr zeitweilig nahe. Aus der Beziehung mit Regisseur Dieter Wedel ging ihr Sohn Dominik hervor. Jetzt scheint sie ihr Glück gefunden zu haben. 1993 heiratete sie den Theaterdramaturgen Uwe Carstensen, nach eigenem Bekenntnis den Mann, „auf den ich schon immer gewartet habe".

Überlegene Männer

Schlachtfelder und Betten

Als ein klassischer Löwe-Geborener vereinigte der berühmte Kaiser der Franzosen höchst überzeugend sämtliche Attribute dieses Sternbildes auf sich: Ein starker, entschlossener Charakter, ein unerhörter Ehrgeiz, ein Leben voller dynamischer und energischer Aktionen. Damit eroberte Napoleon sich zuerst seine Generalsuniform, dann den französischen Thron und schließlich Europa. Er stürmte nicht nur in jede militärische Auseinandersetzung mit taktischer Finesse, sondern gleichfalls mit unersättlichem sexuellem Appetit die Boudoirs begehrenswerter Frauen. Obwohl Napoleon öffentlich erklärte, alle Kritik an seinen zahllosen Amouren wären, mit seinem „allumfassenden ICH zu beantworten", hielt er dessen ungeachtet an seiner einzigen wirklichen, tiefen Liebesbeziehung fest: Sein persönliches Glück sah er in der sieben Jahre älteren, von ihm als Kaiserin gekrönten Josephine Beauharnais, von der er sich später nur offiziell und aus dynastischen Gründen trennte – 1810 heiratete er die österreichische Kaisertochter Marie Louise –, ihr aber bis an sein Lebensende zärtlich verbunden blieb. Auf der Höhe seiner Macht wurde die polnische Adlige Maria Walewska seine Geliebte. Der polnische Hochadel knüpfte an diese Liason die Hoffnung, Napoleon möge Polen zur Wiederauferstehung als unabhängiger Staat verhelfen. Es wurde nur ein „Großherzogtum Warschau" – für sieben Jahre in Personalunion mit dem Königreich Sachsen verbunden – daraus. Maria Walewska, die Geliebte, blieb im Gegensatz zu Maria, der Kaiserin, Napoleon auch im Unglück treu. 1814 folgte sie ihm in die Verbannung auf Elba.

Napoleon Bonaparte, geb. am 15. August 1769 in Ajaccio (Korsika), machte während der Revolutionsjahre eine blendende militärische Kariere. 1799 ernannte er sich zum Ersten Konsul und 1804 krönte er sich selbst zum Kaiser der Franzosen. Nach 20 Jahren fast ununterbrochener Kriege folgte den militärischen Niederlagen 1813–15 der Sturz des Kaisers. Dauerhafter als sein Kriegsruhm war die Wirkung des Code civil, den er 1804 erließ.

Die Kunst des Mordens

Raymond Chandler, geb. am 23. Juli 1888 in Chicago, veröffentlichte 1933 seine erste Kriminalgeschichte, „Blackmailers Don't Shoot", 1939 seinen ersten längeren Roman, „The Big Sleep". Als er am 26. März 1959 in La Jolla, Californien, starb, schrieb die Londoner „Times" im Nachruf: „Sein Name wird mit Sicherheit in das runde Dutzend jener Kriminalschriftsteller eingehen, die auch Neuerer und Stilisten waren …"

Als Schriftsteller war er Herr über Leben und Tod, erfand den Detektiv Philip Marlowe, einen coolen Typ, den so schnell nicht aus der Ruhe bringt. „Es ist nicht gerade komisch, wenn ein Mensch getötet wird, aber es ist manchmal urkomisch, um wie geringer Dinge willen er getötet wird und dass sein Tod die Scheidemünze dessen ist, was wir Zivilisation nennen." Das sagt nicht Marlowe, das sagt Raymond Chandler in einem Essay. Als Siebenjähriger erlebt er die Scheidung seiner Eltern und lebt in den folgenden 17 Jahren in England. Nach dem Ersten Weltkrieg ins Ölgeschäft eingestiegen, verliert er seinen Job in den Jahren der Depression und fängt an, Kriminalgeschichten zu schreiben. 1924 heiratet er die 18 Jahre ältere Pearl Cecily Hurlburt. Für „Cissy" ist es die dritte Ehe, für Chandler die große Liebe seines Lebens. „Dreißig Jahre, zehn Monate und vier Tage lang war sie das Licht meines Lebens, mein einziger Ehrgeiz. Alles, was ich sonst tat, war nur das Feuer für sie, sich die Hände daran zu wärmen", schrieb er drei Wochen nach ihrem Tod im Dezember 1954. Im Februar 1955 unternimmt er „den unzulänglichsten Selbstmordversuch der Geschichte", wie seine Freunde später sagen. Ihm, dem die Kunst des Mordens als Schriftsteller so vertraut war, gelang der Selbstmord nicht. Zuvor hatte er an einen Freund geschrieben: „Morgen ist oder wäre unser einunddreißigster Hochzeitstag. Ich werde das Haus mit roten Rosen füllen und mir einen Freund herholen, um mit ihm Champagner zu trinken, wie wir's immer gemacht haben. Eine sinnlose und vermutlich törichte Geste, weil meine verlorene Liebe ja doch endgültig verloren ist und ich an ein Nachleben nicht glaube."

Ein Ort namens Hoffnung

„Ich glaube noch immer an einen Ort namens Hope", sagte Bill Clinton am Abend seiner Wahl zum Präsidenten der USA. Der Doppelsinn dieses Satzes kam bei den Amerikanern an, hatten sich doch mit der Wahl des 46jährigen Demokraten ins Präsidentenamt viele Hoffnungen auf eine politische und geistige Wende verknüpft – nach 12 Jahren Herrschaft der Republikaner, der alten Männer Ronald Reagan und George Bush. Hope heißt Hoffnung, Hope ist auch der Name des Geburtsorts von Bill Clinton, einer Kleinstadt in Arkansas, die sich „Wassermelonen-Hauptstadt der Welt" nennt. Von da aus eroberte Clinton zuerst den Gouverneurspalast von Little Rock und schließlich das Weiße Haus. Im Wahlkampf 1992 schlug er alle Ratschläge der „alten Hasen" in den Wind; die Computerprognosen prophezeiten seine klare Niederlage. Doch Clinton präsentierte sich smart und sexy, zeigte sich joggend und Saxophon spielend in der Öffentlichkeit. Er war kein Macho, obwohl er schon als Teenager festgestellt hatte, dass er auf Frauen attraktiv wirkte. Er war kein durchtrainierter Athlet und erst recht kein begnadeter Musiker. Doch vielleicht gerade deshalb nahm man ihm die popularistische Pose ab – weil er sich bemühte, das alles zu sein. Nicht einmal Affären, die anderen die Karriere gekostet hätten, brachten ihn aus dem Gleichgewicht, was seine Gegner nicht hindert, ihm weiterhin Affären und sexuelle Entgleisungen anzuhängen. Hillary, mit der er seit 1975 verheiratet ist, erklärte, das spiele für sie keine Rolle. Und so sahen's dann auch die meisten Amerikaner. Am 20. Januar 1993 wurde Bill Clinton als 42. Präsident der USA vereidigt. Er zog ins Weiße Haus. Ein Ort namens Hope.

Bill Clinton, geb. am 19 August 1946 in Hope, Arkansas, bewarb sich 1974 noch vergeblich um ein Kongressmandat, war 1978–80 und 1982–92 Gouverneur von Arkansas. 1992 wurde er zum 42. Präsidenten der USA gewählt und widerlegte mit seiner Wiederwahl 1996 die Regel, dass kein Linkshänder im Weißen Haus für eine zweite Amtszeit gewählt wird.

Bekannte Löwe-Frauen und ihre Verbreitungsgebiete

Hollywood & Co	Sandra Bullock, Geraldine Chaplin, Ruth Maria Kubitschek, Lena Stolze, Melanie Griffith, Käthe Haack, Marianne Koch, Adele Sandrock, Norma Shearer, Shelley Winters, Maureen O'Hara, Roseanne Arquette, Barbara Rudnik, Mae West, Myrna Loy, Esther Williams
Comedy	Lucille Ball, Helen Vita
Regiestuhl	Leni Riefenstahl, Lina Wertmüller
Medien	Margarete Schreinemakers, Heike Makatsch
Theater	Tilla Durieux, Eliabeth Bergner, Ursula Karusseit
Konzertsaal	Isolde Ahlgrimm, Marie-Claire Alain
Oper	Gundula Janowitz
Ballett	Pina Bausch, Mata Hari, Janine Charrat
Rock & Pop	Madonna, Kate Bush, Whitney Houston, Ulla Meinecke, Suzanne Vega, Inga Rumpf, Rita Pavone
Showbiz	Alice & Ellen Kessler
Dichterstube	Emily Brontë, Enid Blyton, Hilde Domin
Luft	Amelia Earhart
Fotoatelier	Florence Entwistle, Lotte Jacobi
Trend	Anne Klein, Sônia Bogner
Zeitgeschehen	Louise Brown (1. Retorten-Baby)
Geschichte	Charlotte Corday (Attentäterin)
Sportarena	Rosi Mittermaier (Ski alpin), Peggy Fleming (Eiskunstlauf), Anja Fichtel (Fechten)

Bekannte Löwe-Männer und ihre Verbreitungsgebiete

Götz George, Hans Moser, Peter O'Toole, Dustin Hoffman, Antonio Banderas, Robert de Niro, Patrick Swayze, Robert Redford, Robert Mitchum	**Hollywood & Co**
Stanley Kubrick, Wim Wenders, John Huston, Alfred Hitchcock, Marcel Carné, Giorgio Strehler	**Regiestuhl**
Mario Del Monaco, Leo Slezak, Theo Adam	**Oper**
John Cranko, Germinal Casado	**Ballett**
Joachim Ringelnatz	**Brettl**
Mick Jagger, John Lee Hooker, Oscar Peterson	**Jazz, Rock & Pop**
Serge Koussevitzky, Erich Kleiber, Ferenc Fricsay	**Dirigentenpult**
Jacques Ibert, Mikis Theodorakis, Karl Amadeus Hartmann, Claude Debussy, Karlheinz Stockhausen	**Notenzimmer**
George Grosz, Emil Nolde, Aubrey Beardsley, Ilja Repin	**Staffelei**
Frank Wedekind, George Bernard Shaw, Guy de Maupassant, Matthias Claudius, Elias Canetti, James Baldwin, Knut Hamsun, Percy Bysshe Shelley, Jorge Amado, Alfred Döblin, Michail Soschtschenko, Nikolaus Lenau	**Dichterstube**
Yves Saint Laurent, Luigi Colani, Heinz Oestergaard	**Trend**
Andy Warhol	**Multiplex**
Henry Ford, Gustav Krupp von Bohlen und Halbach	**Chefetage**
Hugo Eckener, Orville Wright	**Luft**
Simón Bolivar, Lucius D. Clay, Kaiser Maximilian II.	**Geschichte**
Jim Courier (Tennis), Abebe Bikila (Marathon)	**Sportarena**

5. Lifestyle: Wie Löwen leben

… und worauf man sich schon mal einstellen sollte, wenn man dieses Leben teilen will: Der Olymp ist nicht irgendein fern stehender Gipfel, sondern der gewöhnliche Schauplatz alltäglicher Löwe-Aktivitäten: Dazu gehört der Run über die Karrieretreppen ebenso wie ein sensibles Gespräch mit einem intelligenten Geschäftspartner oder eine rauschende Nacht mit einer bezaubernden Geliebten. Jeden Moment kann der große Auftritt verlangt werden, dafür müssen Löwe-Partner Seele, Gehirn und Muskeln gut konditionieren. Ebenso präzise wie autoritär bestimmt der Löwe das Tempo und den Lebensstil für sich und seine Umgebung.

Business as usual

Das Lieblingsbuch des Löwen ist sein Time-System. Jüngere Exemplare schleppen ihr elektronisches Notebook mit sich herum: Die Pünktlichkeit ist die Höflichkeit der Könige. Der Beruf nimmt zwischen 7.00 und 22.00 Uhr extremen Raum ein, wenn es sein muss auch sonntags. Bei aller Dichte seines Aufgaben- und Terminnetzes behält der Löwe dessen Knotenpunkte im Auge. Ihn treibt nicht der pure Workaholic-Aktionismus auf die professionelle Wildbahn, sondern der Wille zur Macht. Öffnen sich ihm bequemere Wege, umso besser! Der Löwe fühlt dann keinerlei Skrupel, sich zum stilvoll zelebrierten Mittagsmahl bei seinem Lieblings-Japaner zurückzuziehen und den Kaffee bei der aktuellen Geliebten zu trinken.

Wochenend und Sonnenschein…

Feierabend und Wochenenden von Löwe-Geborenen sind in erster Linie reine Wiederbelebungsmaßnahmen. Ruhe! Telefonstecker ziehen, Wecker neutralisieren, ausschlafen, faulenzen, ohne auf die Uhr zu gucken. Da es für Löwen im alltäglichen Lebenskampf meistens bergauf geht, was zwar gut für die Karriere, aber kräftezehrend ist, verbringen sie die (wenigen) freien Momente gerne in absoluter Ruhestellung. Marathon und Hochseekajak überlassen Löwen denjenigen, deren Alltag so trist ist, dass sie Extremsport brauchen, um überhaupt zu merken, dass sie noch leben. Lässt es sich irgendwie einrichten, ruht sich der Löwe gerne an der frischen Luft, irgendwo auf einer Terrasse oder Wiese aus, wo ihm die Sonne den Pelz wärmt. Allerdings sollte gewisser Komfort gewährleistet sein.

Ob Sofa oder Gartenstuhl, in der Freizeit nutzt der Löwe mitunter seine üppige Sammlung von Klassik-CDs als Gute-Laune-Muntermacher: Mozart hören, mit entspannten Muskeln und Nerven genießen, das ist es! Ihre Leidenschaft geht mitunter so weit, dass sie den Weg zur Arbeit nutzen, um sich per Walkman Musik reinzuziehen. Der Mann, der in der U-Bahn Beethoven hörte, als ihm Adorno einst begegnete, muss ein Löwe gewesen sein. Fühlen sich Löwe-Geborene relaxed, und lässt es das Freizeit-Budget noch zu, so zieht es diese gesellige Spezies häufig in ihren Freundeskreis. Die Sonnenkinder haben gemeinhin nichts dagegen, wenn der Abend in eine beschwingte Party mündet, bei der ihr Charme im Mittelpunkt glänzt. Schließlich ist ein Tag ohne Lächeln ein verlorener Tag.

Sich wohl fühlen

1: Body ...

Einen Löwen stattet die Natur zumeist mit einem relativ wohlproportionierten, funktionstüchtigen Körper aus, auf den er selten Rücksicht nimmt. Vermehrte Stress-Krankheiten sind die Folge. Löwen ab 45 Jahre haben ein ziemlich hohes Herzinfarktrisiko und nicht selten ruinierte Bandscheiben. Seit allerdings die Menschheit von einer kräftigen Fitnesswelle überrollt wurde, verinnerlichten auch die meisten Löwen, dass nur ein regelmäßiges Squash- oder Tennistraining zu einer Führungsposition befähigt. Der Durchschnitts-Löwe bucht jetzt in einem dieser hochmodernen Studios mit individueller Beratung und High-tech-Fitness-Analyse. Nicht zuletzt, weil er dort mehr Geschäftspartner und Bekannte trifft, als mittags in seiner Lunchbar.

2: ... and Soul

Auch die sorgfältigste kosmetische Pflege oder Fitness-Strategie verfehlt ihre Wirkungen, wenn man innerlich unausgeglichen und angespannt ist. Die liebenswerte Löwe-Persönlichkeit verfügt allerdings über ein Naturtalent für gelungene Entspannungs- und Konzentrationstechniken: die Nase in die Sonne halten, schnurren und an gar nichts denken, ein Sahneeis löffeln, ein Glas sonnengereiften Malaga trinken und dabei die Negativbilanz in Ruhe überdenken ... So leiten Löwen aus ihrem Grundoptimismus probate Mittel für den aktuellen Konfliktfall her, überdenken die tragenden Strategien, befestigen ihr Selbstwertgefühl.

Outfit

Die Schönheit des Löwen braucht Klarheit, gute Proportionen, Konturen. Deswegen ist beim Outfit Classic-Style angesagt: Überm Jackie-O.-Kleid ein Nadelstreifen-Blazer für die Dame, Edeljeans und Cashmere-Sakko für den Herrn. Viel Understatement in klarem Schwarz, edlem Grau, manchmal ein Signalrot, manchmal ein Reinweiß, dazu teure Stoffe, ausgeklügelte Schnitte, stundenlanges Nachdenken über den stimmigen Einsatz eines Accessoires.

♥ Löwe-Frauen sind selbstbewusst genug, um sich gelegentlich dekadent-frivol zu präsentieren: Transparente Spitzen, ein Hauch von Chiffon, Kleider im Dessous-Stil, paillettenbesetzte trägerlose Minis ... Was daran bei anderen Frauen möglicherweise wie eine billige Anmache kommt, bringt die ihre Extravaganz be-

wusst einsetzende Sonnenfrau mit ihrem ausgesprochenen Showtalent als edle Robe rüber. Damit kann sie dann selbst vor den Augen strenger weiblicher Konkurrentinnen bestehen.

♥ Die viel und gerne in der Öffentlichkeit agierenden Löwe-Männer verwenden reichlich Zeit und Geld für ihr Outfit, gelegentlich zu reichlich ... Ein Problem haben sie allerdings mit Goldschmuck: Hier liegt die Lust am Luxus mit dem Stilgefühl im Clinch. Gelegentlich siegt bei den ohnehin eher zur Selbstverliebtheit neigenden Löwe-Männern der Protz. Trotzdem gilt für Löwe-Geborene in den meisten Fällen, dass weniger mehr ist. Mode mit schreienden Farben, Tupfenhosen mit dickem Gummizug oder Würfeldesign haben allenfalls bei ganz jungen Löwen Chancen. Übrigens: Kein Löwe erträgt es, wenn man sein Outfit kritisiert!

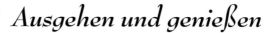

Ausgehen und genießen

Auch wenn es manchmal den Anschein hat, halten die Sonnenkinder wenig davon, ihre Tage mit Arbeit zu verstopfen, das Leben womöglich nur aus Akten zu kennen. Löwen versuchen stets, Profession und Lebensgenuss nicht zu polarisieren, sondern intelligent miteinander zu vernetzen. Schließlich ist es Jahrhunderte alte Tradition gekrönter Häupter, große Politik beim Essen oder Tanzen zu regeln.

♥ Locations, an denen Löwen sich wohl fühlen: Ein lockeres Date mit geschäftlichen und privaten Freunden während einer Vernissage, ein gemeinsamer Bummel über die Museums-Meile, eine Einladung zu einer Theaterpremiere lassen das Angenehme mit dem Nützlichen verbinden.

♥ Anti-Locations: Er meidet steife In-Gastronomie und Orte, wo man unbedingt gewesen muss, um gesehen zu werden.

♥ Essen gehen bedeutet für den Löwen, sich als wahrer Genussmensch zu konditionieren. Nicht mit mokant heruntergezogenen Mundwinkeln, sondern erwartungsfroh, vielleicht sogar mit ein bisschen Herzklopfen, freut er sich auf genau diesen Abend, diesen Event. Es muss ja nicht immer ein Zwölf-Gänge-Bankett oder ein Ball mit dem kompletten Hofstaat sein …

♥ Trinken: Selbst irgendwo neben den Champs-Élysées, der Zeil, dem Kurfürstendamm vermag er feine kleine Höfe mit Buchsbaum- oder Palmenkübeln, frisch frisierten Fassaden und Rosenrabatten aufzuspüren, wo er an milden Abenden im Kreise seiner Freunde das Leben und seinen Rotspon fürstlich genießen kann.

♥ Partys: Der Löwe verfügt über die Gabe, die Feste zu feiern, wie sie fallen, ohne dabei des Leichtsinns verdächtigt zu werden.

Zu Hause sein

Obwohl Löwe-Geborene viel Lebenszeit im öffentlichen Raum zubringen, achten sie darauf, ein möglichst luxuriöses Heim zu besitzen. Dorthin, in die Höhle des Löwen, eingeladen zu werden, bedeutet selbst für gute Bekannte eine Auszeichnung. Bei der Wahl dieses Rückzugsortes zeigen sich erstaunliche Unterschiede.

♥ Hat ein Löwe in seinem Geburtshoroskop den Steinbock, Krebs oder die Jungfrau als Aszendenten, so kann sich in der Atmosphäre seiner Wohnung ein inneres Sicherheitsbedürfnis als die Kehrseite der äußeren Dominanz zeigen. Er neigt dazu, kleinere, dunklere

Zimmer zu mieten, sie mit Möbeln vollzustopfen und sich so eine regelrechte Fluchtburg zu bauen. Löwen mit Aszendent Widder, Schütze oder Löwe werden sich hingegen eher große, lichtdurchflutete Räume suchen.

♥ Zum Bild der Löwe-Wohnung gehört, dass sie nicht kalt wirken darf, eine gewisse Gemütlichkeit ausstrahlen muss. Warme Holztöne, am liebsten ein gutes Parkett mit ein paar ausgesuchten dicken Wollteppichen und eine Bücherwand mit Leinen- und Lederrücken. Paperbacks schätzt der Löwe weniger.

Wegfahren

Löwen suchen gerne das Weite. Besonders solche Gegenden, wo sich in einer großartigen Landschaft ebenso beeindruckende architektonische Zeugnisse historischer Pracht und Macht versammeln, lassen des Löwen Herz höher schlagen. In diesen glänzenden Rahmen gestellt, fühlt er sich selbst gebührend erhöht und nimmt sich Muße, um über die Vergänglichkeit des Ruhmes und die flüchtigen Genüsse des Daseins zu philosophieren. Dementsprechend sind für Löwen Orte wie Luxor, Gizeh und Abu Simbel, Taj Mahal oder die Chinesische Mauer Gegenstand ihrer andauernden Sehnsüchte. – Wegfahren heißt für Löwen aber auch, diesen gotischen Dom in der Nachbarstadt, jenes besondere Museum, eine neue Ausstellung irgendwo im doppelten Wortsinne zu erfahren.

Traumwelten

Viele Löwen leben fast zu wach und intensiv, um sich überhaupt ihren Traumwelten widmen zu können. Sie vergessen ihre Nachtfantasien automatisch. Ohnehin möchten sie auf Bizzarres und Absurdes möglichst keinen Gedanken verschwenden. Träume vom Fliegen oder von großen wärmenden Feuern nehmen sie gelegentlich ganz gerne mit in die Realität, damit signalisiert ihnen ihr Gehirn Selbstbewusstsein, sexuelle Aktivität, Lebendigkeit. Natürlich hegen Löwen auch ihre Tagträume, in denen allerdings kaum der passive Lottogewinn, sondern meistens eine triumphale Rede vor dem Aufsichtsrat der Deutschen Bank oder eine berauschende Liaison mit Sharon Stone abläuft.

Laster

Zweifellos die Genusssucht. Sein umfassender Lebenshunger verleitet den Löwen gelegentlich dazu, im Übermaß zu konsumieren: Sex, gute Weine und Tabake, möglicherweise auch andere Drogen. Er verletzt hierbei die gültigen Normen, vermeidet aber, alle Dämme zu sprengen. Trotzdem kosten ihn solche Exzesse zu viel an Geld, Gesundheit und vor allem Heiterkeit. Letzteres schmerzt den von Grund auf optimistischen Löwen am meisten!

Accessoires, unentbehrliche	Edle Schreibutensilien und Designer-Bags. Manche Löwen lieben es, einen Skarabäus aus Smaragd oder Lapislazuli bei sich zu tragen, die brachten schon den Pharaonen Glück.
Blumen	Sind wie jeder Schmuck immer höchst willkommen. Löwinnen bevorzugen Orchideen, Rosen, Heliotroph. Löwe-Männer interessieren sich eher für originelle Pflanzenzüchtungen und können sich zu richtigen Bonsai-Fanatikern entwickeln. Aber auch sie wissen eine schimmernde Queen-Elizabeth-Rose auf ihrem Schreibtisch zu würdigen. Übrigens sollen alle Löwen die Acker-Kornblume gern sehen, weil sie das Blau des Sonnenhimmels widerspiegelt.
Cityverbindungen	Bevorzugt werden alte Königsstädte und Kaiserpfalzen, aber natürlich auch die neuzeitlichen Machtzentren New York, Paris, London; in Deutschland Frankfurt am Main, Bonn wirken auf Löwen zu provinziell, Berlin zu chaotisch.
Drinks	Hängt vom Tagespensum des Löwen ab. Morgens natürlich ein gutes Mineralwasser und frisch gepressten Grapefruit-Saft. Abends gute Weine. Nach einem erfolgreichen Geschäftsabschluss darf es durchaus einmal ein Whisky sein. Bier allenfalls als Notlösung.
Edelsteine	Diamanten und Bergkristalle wegen ihrer Klarheit; Rubine, weil sie im Mittelalter als probates Mittel gegen Gift und böse Geister angesehen wurden und sich derzeit einen Ruf als Anti-Nikotin-Stein erwerben; der strahlend gelbe Chrysoberyll, weil man sein Leuchten in den Augen der natürlichen Großkatzen zu erkennen meint.
Fernsehen	Ein paar Polit-Magazine, zuweilen, wenn wichtige internationale Prozesse ablaufen, auch die Tagesthemen. Für mehr hat ein Löwe einfach keine Zeitreserven.

Manchmal, sehr spät abends, sucht er sich ein Kung-Fu-Drama heraus. Nicht wenige Löwe-Damen ignorieren das TV-Gerät vollends, ihnen ist ihr Kosmetik-Spiegel wichtiger. Und außerdem gibt's da ja noch den Videorecorder, und falls der Löwe-Mensch tatsächlich mal Zeit im Überfluss hat, übernimmt er dank dessen die Programmhoheit.

Machen Löwe-Geborene immer gerne und großzügig, zuweilen über ihre Verhältnisse. *Geschenke*

Katzen. Gegebenenfalls Pferde, sofern der Löwe den herrschaftlichen Sport des Dressurreitens für sich entdeckt hat. *Haustiere*

Fast alle Löwen haben ein Lieblingssofa mit Lieblingsschlummerrolle, von der bei Eigenbedarf erbarmungslos jeder Hausgenosse (selbst der Lieblingskater) verjagt wird. Höhepunkt der Idylle, wenn die Geliebte des Löwen ihm sanft über den Rücken streicht und in der Mähne herumzottelt. *Idyll*

Löwen haben viel Sinn für Ironie und intelligenten Humor, für billigen Jux weniger. Wasser spritzende Fotoapparate oder Salz in der Zuckerdose finden sie schlankweg blöd. Bei Jux, mit dem andere Menschen beleidigt werden (die Porno-Zeitschrift auf dem Schreibtisch der allein stehenden älteren Kollegin), bekommt es der Urheber mit dem handfesten Gerechtigkeitsgefühl des Löwen zu tun. *Jux*

Löwen lieben Kunstgenüsse live. Sie sehen lieber eine zweitrangige Schauspielinszenierung im Stadttheater als einen erstklassigen Film. Außerdem gibt es im Theater mindestens eine Pause, in der man mit Bekannten talken und sein neuestes Outfit zur Geltung bringen kann. *Kino*

Lesen	Aber ja! Löwen halten Belletristik, die schon ein wenig Patina angesetzt hat, für ein Grundnahrungsmittel. Hochgelobten Roman-Neuerscheinungen gegenüber sind sie allerdings erst einmal skeptisch.
Musik	Löwen mögen Klassisches, ohne allzu viel Wert auf „schöne Stimmen" zu legen. Musik, bei denen Löwen länger zuhören können, darf allerdings nicht ins Romantische oder Pompöse abgleiten. Deshalb verachten sie auch alle Carmina-Burana-Open-Airs.
New Age	Dass die Menschheit ins Aquarius-Zeitalter eintritt, interessiert Löwen nur marginal. Dass aber das Internet-Zeitalter bereits begonnen hat, finden sie aufregend. Löwe-Geborene wappnen sich für zukünftige Problemlagen mit einen ISDN-Anschluss, pflegen erprobte Informationsquellen und erneuern ihre Logistik.
Outdoor	Nichts gegen einen gemächlichen Spaziergang durch einen Schlosspark oder über Weinterrassen. Noch mehr Landleben wäre allerdings von Übel. Männliche Löwen setzen sich gelegentlich recht gern einem Entfernungs- und Geschwindigkeitsrausch aus, vorausgesetzt, es sind dabei schnelle Wagen oder Airbusse im Spiel.
Prosa	Löwen schätzen Dilettantismus weder bei sich noch bei anderen. Und sie müssen sehr verliebt sein, bis sie's der Angebeteten auch schriftlich mitzuteilen bereit sind.
Rezepte, Lieblings-	Die servierte Speise, weniger deren Herstellungsart interessiert. Und da ein Bœuf à la Bourguignonne bei dem einen Küchenchef als scharf riechende formlose Masse, beim anderen als ein mit Beaujolais aromatisiertes Ragout auf den Tisch kommt, sammelt der Löwe statt Lieblingsrezepten Adressen von guten Restaurants.

Schach natürlich! Deutsche Kartenspiele sind den meisten Löwen zu lautstark, Monopoly zu albern. Meist können sie sich aber stundenlang mit einer Patience beschäftigen oder sich einem wirklichen Strategiespiel widmen. Am liebsten spielen die Sonnen-Lieblinge – selbst wenn sie eigentlich Elektronikingenieur sind – ein bisschen mit echtem Geld an der Börse.	**Spiele**
Kommen nicht ins Haus! Noch nicht einmal als der kunsthandwerkliche Trockenblütenkranz aus dem Versandhaus draußen an die Haustür! Selbst dann, wenn man damit ordentliche Geschäfte machen könnte, mögen sich Löwen nicht mit Tinnef befassen.	**Tand und Tinnef**
Gute Stadtpläne und Landkarten in der Originalsprache; vielleicht eine Flasche landestypischer Wein; aus Schottland natürlich Whisky.	**Urlaubsmitbringsel**
Am liebsten das eigene Automobil. Unter den öffentlichen Verkehrsmittel gilt das Flugzeug als unverzichtbar, Bahnreisen nur in besonderen Fällen. Städtische Nahverkehrsmittel sind ihrer gewöhnlichen Unzuverlässigkeit wegen beim Löwen out.	**Verkehrsmittel**
Vanille, Parfüms, in denen natürliche und synthetische Düfte gemixt sind.	**Wohlgerüche**
Fachzeitschriften sind für den Job unumgänglich, obwohl auch hier angesichts der wuchernden Werbe-Blöcke geknurrt wird. Bunte Wochenzeitschriften kommen dem Löwen maximal über die Schwiegermutter ins Haus. Tageszeitungen nimmt er gelegentlich am Kiosk mit, wobei ihm deren gut gegliedertes Layout mindestens ebenso wichtig ist, wie die politische Tendenz der Kommentare.	**Zeitschriften und Zeitungen**

Dieses Buch wurde auf chlorfrei gebleichtem und säurefreiem Papier gedruckt.

Der Text dieses Buches entspricht den Regeln der neuen deutschen Rechtschreibung.

Sie finden uns im Internet: http://www.falken.de

ISBN 3 8068 1905 X

©1998 by FALKEN Verlag, 65527 Niedernhausen/Ts.
Die Verwertung der Texte und Bilder, auch auszugsweise, ist ohne Zustimmung des Verlags urheberrechtswidrig und strafbar. Dies gilt auch für Vervielfältigungen, Übersetzungen, Mikroverfilmungen und für die Verarbeitung mit elektronischen Systemen.

Umschlaggestaltung und Layout: Rincon², Design & Produktion GmbH, Köln
Titelbild: Rincon², Design & Produktion GmbH, Köln/Mark Klinnert
Zeichnungen: Rincon², Design & Produktion GmbH, Köln/Mark Klinnert
Redaktion: Thomas Wieke, Markus Hederer
Herstellung: Sabine Vogt

Die Ratschläge in diesem Buch sind vom Verlag sorgfältig erwogen und geprüft, dennoch kann eine Garantie nicht übernommen werden. Eine Haftung des Verlags und seiner Beauftragten für Personen-, Sach- und Vermögensschäden ist ausgeschlossen.

Satz: FALKEN Verlag, Niedernhausen/Ts.
Druck: Ernst Uhl, Radolfzell

817 2635 4453 6271